SECONDE DISSERTATION

SUR LE DUEL.

Imp. de Carpentier-Méricourt,
rue Traînée-Saint-Eustache, n. 15.

SECONDE

DISSERTATION

SUR LE DUEL,

PAR

J.-P. MAFFIOLI,

ANCIEN MAGISTRAT.

Paris,

ARTHUS BERTRAND, LIBRAIRE,

RUE HAUTEFEUILLE.

1828.

OBSERVATIONS PRÉLIMINAIRES.

Dans la séance du 20 mai 1827, notre Chambre élective a renvoyé à M. le Garde-des-Sceaux une pétition où l'on demandait une loi contre les Duels, et ce renvoi a été ordonné par la Chambre contrairement à l'avis de sa commission, laquelle a insisté pour qu'il fût passé à l'ordre du jour. (Voyez le compte de la même séance, rendu par le *Moniteur.*)

Je ne sais si quelqu'écrit a été publié sur cette délibération (rien qui y soit relatif n'est parvenu à mes oreilles); mais, selon moi, elle est digne de la plus sérieuse attention.

1° Elle nous montre que nous avons en France un grand nombre d'hommes d'état qui veulent, comme moi, la répression du Duel, ce qui à mes yeux est un vrai prodige (1), surtout quand je considère ce qui a

(1) Les personnes qui ont suivi les opérations de nos Chambres électives n'ont pas oublié que, depuis notre régime actuel, plusieurs

été fait sur le même objet par toutes les Chambres que nous avons eues jusqu'à présent, depuis la restauration.

2° La délibération du 20 mai nous donne à espérer que bientôt (1) il sera présenté au législateur un projet

pétitions leur ont été présentées, aux fins d'obtenir une loi contre les Duels, mais que toutes ces requêtes, après mille persifflages, ont été repoussées par l'ordre du jour. Ces personnes penseront, j'espère, avec moi, que l'arrêté pris dans la séance du 20 mai est un événement que rien ne pouvait faire espérer, et qui vraiment tient du prodige.

(1) Selon les défenseurs du Duel, je donne une interprétation fausse à l'arrêté du 20 mai. La Chambre élective, me disent-ils, en renvoyant à M. le garde-des-sceaux, la pétition de ce jour, n'a voulu demander que des renseignemens qui lui manquaient sur les faits, comme cela se pratique journellement au sujet de toutes les pétitions qui sont ainsi présentées. Donc, à les entendre, j'abuse des termes dans lesquels se trouve conçu l'arrêté du 20 mai, en leur donnant un sens qu'ils n'ont pas. Oui, telle est la prétention de tous ceux qui s'opposent à ce que le Duel soit réprimé ou modéré; mais le plus gros bon sens ne manquera pas d'en faire justice. En effet, il est impossible de supposer qu'une assemblée de législateurs, après la discussion la plus contradictoire, ordonnerait une mesure, qui est évidemment inutile, qui est évidemment oiseuse.

Sans doute, il faut que nos Chambres législatives prennent des renseignemens sur les faits, toutes les fois qu'on leur présente des pétitions qui ne sont relatives qu'aux intérêts personnels du pétitionnaire ; mais cela ne peut s'appliquer à celle dont nous parlons. Il n'est pas un Français qui ne sache tout ce qu'il est humainement possible de savoir sur une action qui se commet tous les jours depuis près de trois siècles, et sur laquelle nous avons une multitude innombrable d'écrits, de lois, de réglemens, d'arrêts, etc. etc. Ici, la masse des faits n'est que trop accablante, et elle ne présente plus à décider qu'une question de droit public extrêmement simple, celle de savoir si une action qui était jugée criminelle en France avant la révolution, et que tous les peuples ont placée dans la liste des grands crimes, il ne s'agit, de loi sur la matière ; certes, jamais espérances ne furent mieux fondées. Un appel solennel fait à la sagesse et à

disons-nous, que de savoir si cette action continuera d'être licite, comme elle l'est depuis trente-six ans, ou enfin si elle doit être empêchée, modérée d'une manière quelconque. Or, quiconque, dans un tel état de choses, viendrait demander des renseignemens nouveaux, ne ferait qu'une demande grossièrement dérisoire et pleine de mauvaise foi. Ainsi, en renvoyant à la sagesse du Ministre de la justice, notre Chambre élective n'a pu demander et n'a réellement demandé que le projet lui-même de la loi, dont l'initiative est nécessaire, d'après les formes établies.

Il n'est aucune espèce d'analogie entre la pétition d'un individu, relative à ses intérêts personnels, et la pétition où l'on demande au législateur telle ou telle loi.

Dans la première espèce, il s'agit de faits particuliers qu'il faut nécessairement vérifier pour que justice puisse se faire ; c'est alors le cas de demander des *renseignemens*.

Dans la seconde, il s'agit de savoir si la loi demandée est nécessaire ou utile, or, cette question ne se peut décider que d'après les principes constitutifs de toute société, lesquels sont précisément la science du législateur, à moins que l'on ne décide que la loi demandée ne soit dans la classe des choses impossibles, ce qui alors serait toujours une véritable décision.

Mais, au surplus, persuadons-nous bien que les mille et une pétitions qui ont été présentées contre les Duels, depuis qu'ils ont commencé en France, n'en font réellement qu'une ; elles sont toutes identiquement la même, qui s'est répétée de règne en règne, et se répétera toujours. Lisez toutes les décisions de l'Église, toutes les opinions des théologiens, des philosophes, des publicistes ; lisez enfin les registres de la police des grandes villes, c'est là que se trouvent tous les renseignemens que l'on peut désirer sur la matière. Il est donc palpable que l'objection à laquelle je viens de répondre n'est qu'une jonglerie nouvelle, dont le but unique est d'empêcher, retarder, la justice, dans une affaire aussi grave, ne peut être illusoire.

Il m'a paru, dans une circonstance aussi précieuse, que je ne ferais pas un travail inutile, si je publiais une *Seconde Dissertation* que j'ai faite exprès pour être jointe à celle que j'ai publiée en 1823, et cette publication sera d'autant plus dans l'ordre que, sans ce second ouvrage, le premier n'aurait pas le complément qui lui est nécessaire. En effet, depuis mon premier écrit, je n'ai pas perdu de vue la très-singulière question du Duel ; loin de là, je l'ai examinée de nouveau sous toutes les faces qu'elle présente, et cet examen m'a démontré qu'il ne suffit pas, lorsqu'une action criminelle est commandée par la mode, et ennoblie par l'exemple des chefs de la nation, ce nouvel examen, dis-je, m'a démontré que dans une telle combinaison de choses, il ne suffit pas de réprimer ou même de prévenir cette action, mais qu'il faut encore, autant qu'il est possible, prévenir ou réprimer *les faits qui l'amènent le plus souvent.*

J'ai dit *dans notre armée,* et la raison en est simple,

entraver par tous moyens possibles, une loi jugée nécessaire par une assemblée législative. C'est aussi par ces motifs que j'ai cru devoir la faire connaître ici, c'est-à-dire *in limine litis,* et avant d'aller plus loin.

la source du mal étant là, c'est là qu'il doit être at-taqué, et s'il était reconnu que l'attaque ne peut se faire de ce côté, avec succès, il faudrait décidément y renoncer pour les autres classes de la société; mais au surplus je suis convaincu que ce résultat n'arrivera pas, car je crois avoir établi dans la *Dissertation* qui va suivre, que le législateur peut facilement empêcher les causes ordinaires des duels qui ont lieu entre militaires, ce qui vraiment sera pour lui avoir vaincu la difficulté.

Cependant, il s'en faut encore de beaucoup (et je ne me le dissimule point), que ce qui me paraît si facile, soit jugé de même par tout le monde : non, il a été dit à la séance du 20 mai, par celui de nos députés qui a le plus fait en faveur de notre pétition, il a été dit qu'une loi sur le Duel serait extrêmement difficile, et ces expressions sont devenues très-inquiétantes pour plusieurs personnes, en leur faisant craindre que ce qui est jugé si difficile par un homme connu par une rare sagacité, ne finisse par devenir *réellement impossible.*

Oui, rien n'est plus vrai, ces expressions inquiètent plusieurs personnes, mais (j'en suis convaincu) elles ne sont que la suite du préjugé qui nous asservit, ou plutôt nous aveugle tous, depuis notre enfance. En effet, et moi aussi, lorsque j'ai commencé mon plan d'attaque, je me suis vu saisi des mêmes impressions;

il m'est arrivé plusieurs fois de me dire : *une loi sur le Duel est extrêmement difficile,* et certes, rien de plus naturel que tout cela, mes yeux ne voyaient alors que la tyrannie du préjugé ; mais quand j'eus étudié la question dans le cœur humain, et ensuite dans l'histoire des combats judiciaires, bientôt à ma grande surprise (l'on obtiendrait le même résultat dans toutes les questions de ce monde, si on les étudiait dans leurs élémens), bientôt à ma grande surprise, ce que je croyais si difficile, et peut-être impossible, devint extrêmement simple, ou ne présenta plus à mon esprit que les difficultés inhérentes à tous les travaux des hommes, et c'est, j'espère, ce que démontrera beaucoup mieux que moi la discussion du projet que nous attendons. Car, enfin, de quoi s'agira-t-il dans cette discussion ? Y s'agira-t-il de détruire, d'anéantir le Duel ? Non, nous n'avons pas de si hautes prétentions, et si c'est là votre crainte, vous qui le défendez avec un zèle si tendre, si affectueux, soyez bien rassurés, quoi qu'il arrive, il en restera encore assez pour vous ; il ne s'agira que de savoir, dans la discussion que nous demandons, s'il existe ou s'il n'existe pas un juste milieu entre des lois anciennes qui punissent d'une mort infâme, ou, ce qui est plus affreux, de la flétrissure de la vie, et des lois rendues à une époque de bouleversement général, lesquelles, sans autre façon, ont fait du

Duel une action licite. Or, vous ne viendrez sans doute pas nous dire que le milieu que nous cherchons est introuvable : en tous cas, notre Chambre élective de 1827, s'est montrée bien persuadée qu'il se trouverait, puisqu'après la discussion la plus contradictoire, et nonobstant l'avis de sa commission, elle a demandé qu'on lui présentât un projet de loi sur la matière.

Il y a plus, il ne s'agit aujourd'hui, que de faire à l'égard du Duel, ce qui a été fait cent fois à l'égard d'autres actions plus ou moins nuisibles à la société ; il ne s'agit que de faire, relativement aux lois anciennes rendues sur l'espèce, ce qui, à la satisfaction générale, l'a été chez nous, il y a quatre ans, sur notre Code pénal lui-même, en mettant dans la classe des délits, ce qu'il a placé dans la catégorie des crimes ; rien n'est donc plus facile que ce que nous demandons, parce que rien n'est plus juste, et plus conforme aux besoins de l'humanité ; et si ensuite nous partons d'un principe sacré (et non assez connu), qu'en législation criminelle toute loi doit être nécessairement *préventive*, avant de pouvoir devenir *pénale*, alors toute idée de difficulté s'évanouit nécessairement, parce qu'une mesure préventive n'est autre chose qu'un acte de prévoyance paternelle, qui de sa nature est simple comme la pensée (1).

(1) Pourquoi, pendant la période de douze siècles qu'a duré la loi

Goubette, la France n'a t-elle vu en cela, encore de très-loin en très-loin, que quatre à cinq combats judiciaires, qui étaient les Duels du temps. C'est parce que cette loi, tout en permettant les combats à outrance, avait en même temps pris tous les moyens qui étaient capables de les empêcher, en modérant, en calmant les excès de la sensibilité nationale.

Il est de principe que le type primitif, ou le caractère originel qu'une nation a reçu de son climat, ne change pas plus que le climat lui-même. Or, cet état de choses impose aux législateurs de tous les temps les mêmes devoirs. Voilà une vérité que nous n'avons pas voulu comprendre depuis la suppression des combats judiciaires.

SUR LE DUEL.

Toutes les causes de Duel ne sont que des injures plus ou moins graves, selon que l'amour-propre les présente à l'imagination de l'homme qui se croit offensé ; or, les premières notions d'ordre social nous disent clairement que les injures doivent être réparées aussitôt qu'elles sont faites, et que si le législateur ne pourvoit à cette réparation, il sera contraire à lui-même, détruisant d'une main ce qu'il aura édifié de l'autre ; car tout militaire, en prêtant le serment de ne pas se battre en Duel, y mettra nécessairement la condition tacite que si quelque outrage ou offense est fait à son honneur, il en sera au plus tôt vengé par la justice du corps dont il fait partie.

N'est-il pas sensible, s'il en était autrement, que le militaire offensé cherchera tous les moyens de se venger lui-même ? Ne perdons pas de vue que l'honneur est son seul bien, le bien sans lequel il ne peut rester un instant sous les drapeaux, et demandons-nous ensuite comment, dans un tel état de choses, nous avons pu, depuis deux siècles et demi, abandonner nos militaires à la nécessité de se venger eux-mêmes des injures qui leur sont faites ?

Mais je demande ici, va-t-on me dire, ce qui est

physiquement impossible : le législateur ne peut prévoir toutes les causes des Duels, car ces causes sont infinies, autant par leur nombre que par la variété de leurs espèces ; donc, la loi que je propose est un nouveau rêve, une chimère nouvelle, etc., etc. Oui, l'on ne manquera pas de crier encore ici à l'impossible, en vérité rien n'est plus commode ; mais vous allez voir que cette prétendue impossibilité n'est que le résultat d'une ignorance de faits, ignorance qui provient de ce qu'on ne veut pas prendre la peine de voir les choses telles qu'elles se font dans la pratique de tous les jours.

Les causes immédiates et les plus fréquentes des Duels qui ont lieu dans nos légions se bornent au nombre de trois :

1° Elles consistent dans une injure excessivement grave pour un guerrier, mais laquelle étant dénuée de tous faits, n'est, dans l'exacte vérité, qu'une formule ou une espèce d'argot qui, dans le langage militaire, doit forcer le Duel, même sans motif et sans raison.

2° Dans une autre injure, également grave pour tout homme d'honneur, mais d'une nature bien différente de la première, en ce qu'elle est fondée sur un fait particulier et déterminé ;

3° Dans une voie de fait qui, dans certains cas, devient le plus cruel des outrages qu'un homme puisse faire à son semblable.

Faites attention que ces deux dernières injures n'attaquent pas les qualités essentielles dont tout militaire doit être pourvu.

Ces trois causes, comme nous allons l'établir, sont connues de tout le monde, et par conséquent le législateur peut aisément les prévenir ou les réprimer par une loi spéciale.

Ces principes posés, est-il bien constant que les causes qui amènent dans nos légions la plus grande partie de leurs Duels, se réduisent au nombre de trois?

C'est un fait sur lequel ne pourra plus avoir de doutes, quiconque se donnera la peine de suivre avec attention l'origine et la marche de ces événemens.

Le véritable fil qui conduit hors de tous les labyrinthes, le seul qui conduit à la lumière, n'est autre que l'attention avec laquelle l'être raisonnable et impartial examine les choses sur lesquelles il veut porter son jugement. Celui qui se borne à voir les objets en masse, n'aura jamais que des idées vagues ou même confuses, et les jugemens qu'il portera seront toujours faux ou très-aventurés.

CHAPITRE Ier.

Que ces mots : Tu es un lâche, *sont la cause immédiate de presque tous les Duels, entre militaires français, et qu'il est extrêmement facile de les prévenir.*

Il est impossible que, dans une grande réunion d'hommes, composée de jeunes gens surtout, chaque jour n'amène ses contrariétés, ses disputes, ses querelles, etc. *Cuique diei labor suus.* Tout cela est de l'humanité. Ces altercations, la plupart sans nom comme sans objets, qui existent dans toutes les réunions d'hommes, sont jugées, en tout pays, par les amis communs, ou par les chefs chargés de la police des corps; et certes, il faut bien qu'il en soit ainsi, autrement la plus petite légion ne pourrait pas subsister l'espace de vingt-quatre heures; mais depuis que notre armée a reconnu le Duel pour son arbitre souverain en matière d'honneur, l'état des choses que nous venons de rappeler a disparu entièrement. Beaucoup de nos militaires se persuadent qu'il n'existe pour eux d'autre droit que celui du plus fort, et qu'il est indigne d'un soldat français de recourir à ce moyen terme que les autres classes de la société appèlent justice (1), et il faut en convenir, ce raisonnement est la conséquence très-juste du principe qui a été un fois admis. En effet, puisque le Duel est le seul juge de l'armée, il n'y a plus pour elle d'autre droit que celui du plus fort ou du plus adroit. Cette théorie une fois reconnue, voyons comment les cho-

____

(1) Sans doute le résultat du combat judiciaire de nos aïeux était aussi, en dernier état de choses, celui de la force ou de l'adresse; mais ces combats ne pouvaient avoir lieu sans la permission de l'autorité, permission qui ne s'accordait que d'après les plus grands motifs, comme d'après les plus vives instances; aussi ces événemens, qui ont fait tant de bruit dans le monde, et que l'on croit avoir été si fréquens, ont-ils été extrêmement rares. Le combat judiciaire a été, pendant dix siècles, le puissant modérateur d'un grand mal, et aujourd'hui nous avons tout le mal sans modérateur d'aucune espèce. La différence n'est-elle pas énorme ?

ses se font dans la pratique. Voyons comment le militaire, imbu de la maxime du droit du plus fort, en agit à l'égard d'un camarade avec lequel il se trouve en opposition?

Ses prétentions sont manifestement injustes, mais malgré cela, il veut faire la loi, il veut que ce qu'il exige, lui soit accordé sans délai, et si son adversaire fait quelques représentations pour lui montrer son injustice ou son erreur, il s'en indigne, il entre en fureur, il en appelle aussitôt à son sabre, comme le seul juge qu'il reconnaisse, *jura negat sibi nata, nihil non irrogat armis ;* n'est-ce pas là ce que nous voyons se répéter à chaque instant dans nos légions?

Maintenant quelle est la conduite de celui qui est ainsi provoqué sans motif et sans prétexte? Accepte-t-il le combat aussitôt qu'il a vu la poignée du sabre frappée de la main de son agresseur? Non, évidemment non, cette manière d'agir serait contre nature, il ne peut éprouver la passion de celui qui l'attaque; il y aurait démence de sa part à prêter à l'instant même le collet, à un furieux qui ne veut se battre que parce qu'il s'imagine être le plus fortement musclé, ou supérieur dans l'art de l'escrime. Ainsi l'homme le plus brave commencera par montrer l'injustice d'une telle provocation. (Ne perdez pas de vue que jusqu'ici aucune injure ne s'est encore mêlée à la partie.) Mais suivons la marche de cette scène; les choses vont-elles en rester là? Le provocateur va-t-il se calmer? Son cœur s'est-il ouvert à d'autres sentimens? Non, loin de là ; les observations qui viennent de lui être faites n'ont servi qu'à l'humilier et à l'irriter davantage ; il veut à tout prix avoir raison, pour cela il faut nécessairement qu'il se batte, et il connaît trop le moyen d'arriver à son but ; c'est de crier à celui qu'il provoque, en présence d'autres camarades : *Tu n'es qu'un lâche.* Or, tout le monde le sait, à l'instant où ces paroles se font entendre, elles produisent sur le soldat Français une impression qu'aucune langue ne peut rendre ; alors toute discussion se trouve magiquement fermée, plus d'observation n'est à faire, le destin a prononcé son irrévocable arrêt, et malheur au guerrier qui ne se battrait pas à l'instant.

Si l'on suivait la marche de tous les Duels qui ravagent notre armée, l'on serait convaincu que les dix-neuf vingtièmes n'ont pas d'autre cause, et si quelqu'un me contredit sur ce point, je lui répondrai qu'il n'a pas suivi nos militaires dans les lieux où ils se rendent, après les exercices, et là où ils prennent leurs divertissemens accoutumés.

Le Duel où, dans la ville d'Épinal, fut tué, il y a deux ans, le fils d'un maréchal de camp, alors membre de la Chambre des députés, commença à table, par un dispute de grammaire sur le mot *haricots*, et celui où, vers le même temps, un officier de la garnison de Strasbourg eut le même sort, a commencé au sujet d'un uniforme étranger que portait un jeune homme de la même ville, et auquel le Roi avait accordé la permission de servir un prince d'Allemagne, allié de la France.

Or, il est évident que les petites contestations que je rapporte ici comme des exemples, n'avaient en elles-mêmes rien qui fût injurieux, rien qui dût conduire au Duel, et les événemens que je viens de rappeler, parce qu'ils sont à ma connaissance, n'eussent jamais existé sans ces mots : Il faut que tu te battes, et si tu ne te bats pas, *tu es un lâche;* ou toutefois sans d'autres injures équivalentes, lesquelles n'ont pas l'ombre de rapport avec *les antécédens.*

Mais allons plus loin, et pour ne rien oublier sur cette matière, examinons si le militaire auquel ces paroles sont adressées, y a donné lieu d'une manière quelconque : a-t-il, à telle ou telle journée, fui devant l'ennemi ? a-t-il manqué aux devoirs de sa profession en telle ou telle circonstance ? enfin a-t-il donné un signe de lâcheté, quel qu'il y soit, etc., etc.

Non, rien de tout cela. Le plus souvent les acteurs de ces scènes ne se connaisssent pas, et ne se sont jamais parlé, le hasard seul, les a fait se rencontrer dans un café, dans un bal, ou autre maison ouverte au public.

Il y a plus, (et cette nouvelle observation me semble bien faite pour fixer l'attention du législateur), l'auteur de ces propos sait qu'il ment à sa propre conscience, il sait que ces injures sont autant de faussetés, il n'a pas même, en les proférant, l'intention d'outrager son camarade, il n'a qu'un objet en tête, celui de le forcer à tirer le sabre, son action n'est donc qu'une conséquence de la maxime du droit du plus fort, ou plutôt elle n'est qu'un piége tendu par l'homme à son semblable, piége qui ne diffère en rien de ceux qu'il tend aux bêtes féroces qui peuvent lui être nuisibles.

Il est certain que cette première cause de nos Duels est, sans nulle proportion, la plus fréquente de toutes, et cela, par la raison extrêmement simple, que les discours les plus innocens peuvent à chaque instant en fournir l'occasion; il suffit de dire au spadassin avec lequel on se trouve en conversation, *Vous êtes dans l'erreur, vous avez tort, je suis loin d'être de votre avis,* etc., etc., toutes ces manières de parler sont pour lui d'excellentes trouvailles dont il ne manque pas de s'emparer.

La même cause produit les effets que je dis, dans tous les rangs de notre armée, sans aucune exception; mais cependant, là où elle fait le plus de ravages, c'est dans les rangs inférieurs de nos légions; l'on conçoit que le principe du droit du plus fort sera moins actif dans les classes qui ont reçu une éducation, dont les impressions ne peuvent jamais entièrement s'effacer; mais au surplus, voulez-vous connaître par vous-même les faits que je signale, et qui sont assez généralement ignorés? allez faire quelque séjour dans nos villes de garnison, surtout dans les plus grandes, et vous y serez témoin de spectacles auxquels les habitans des faubourgs de ces villes (tant ils y sont habitués) ne font pas la moindre attention. Quel est cet homme, leur demandez-vous, que l'on transporte sur un brancard? Ce n'est rien, répondent-ils, c'est un soldat qui vient de se battre en Duel, et que l'on porte à l'hôpital. Les papiers publics ne disent mot de ces Duels, parce qu'ils sont trop fréquens, et leurs victimes trop obscures. La déesse aux cent langues ne daigne parler que de ceux qui ont lieu entre officiers, ou autres personnes d'un rang distingué.

C'est ainsi qu'à la fleur de l'âge, au moment où ils sont à peine sortis de l'adolescence, périssent une multitude de Français qui, après avoir payé leur dette à la patrie, devaient aller relever leur vieux père dans ses pénibles travaux, ou consoler une mère qui, après son fils, n'a plus d'appui sur la terre; l'on écrit à leurs familles qu'ils sont morts de pleurésie, et l'on n'en parle plus.

Vixére fortes antè Agamemnona multi, sed omnes illacrimabiles urgentur, ignoti longá nocte.

Tels ne sont-ce pas les résultats journaliers de ces paroles, *tu es un lâche*, quoique celui qui les prononce n'y croie pas lui-même? Et il faut en convenir, l'on ne peut faire, à un guerrier, d'outrage plus sanglant; il est impossible de le frapper plus droit au cœur, et ce qu'il y a de plus malheureux, c'est qu'à l'occasion de la plus légère contrariété et de la plus innocente conversation, cette espèce d'argot sort à l'instant de la bouche de nos soldats; aussi une vérité, (bien constante, à laquelle nous ne prenons pas garde) c'est que la plus grande partie des Duels de l'armée, se font sans l'ombre de motif, ni même de prétexte, et le plus souvent dans une situation personnelle qui ne permet ni les uns ni les autres, tandis que les accusations les plus graves , même entre militaires , vont par leur propre poids tomber dans le réseau de la justice, sans que dans cette circonstance ils songent à prononcer le mot Duel.

Oui , me direz-vous, rien n'est plus déplorable qu'un pareil état de choses , et en même temps, vous demandez s'il n'est donc pas dans la nature un moyen d'y porter remède ? Eh! sans doute , répondrai-je, il faut bien que ce moyen existe, autrement, que serait-ce que cette grande science de civilisation si fort occupée du bonheur des peuples, et si pleine d'indifférence sur un des plus grands fléaux de l'humanité ! que serait-ce enfin que cette perfectibilité humaine qui , de nos jours a produit tant de merveilles , et viendrait cependant échouer devant un fétu de paille! Les paroles dont il est ici question , et qui sont la cause de tant de maux, me suis-je dit , sont des injures insupportables pour un homme d'honneur , donc elles doivent être réprimées et punies comme toutes les autres injures; voilà le moyen qui , au *premier abord*, s'est présenté à mon esprit, comme le seul qui puisse être employé , mais d'autres réflexions survenues à l'instant m'ont démontré que j'étais dans une grande erreur. Oh! oui, la justice (exception bien singulière), la justice, ce bras céleste qui seul tient en équilibre les élémens de ce monde, n'aurait ici aucune vertu, et cela pourquoi ? Parce que jamais nous ne verrons un soldat français venir se plaindre à elle, de ce qu'il a été appelé lâche ou poltron; une telle démarche est bien trop au-dessous de l'honorable fierté de son caractère, il faut donc chercher un autre moyen, et le saisir si nous le trouvons ; or , il n'en est point de meilleur et de plus efficace que de prévenir le mal, en l'empêchant de naître, et ce moyen se trouve éminemment dans le premier article du projet que j'ai présenté dans mon premier écrit.

Il est évident à tous les yeux que, dès l'instant où il sera adopté, les funestes paroles qui ont fait l'objet du présent chapitre , ne se feront plus entendre dans nos légions , et que leur cruel talisman sera brisé pour jamais : et en effet, comment un guerrier français, qui a juré sous les drapeaux de l'honneur de ne plus se battre en Duel, comment, disons-nous, ce guerrier, cet homme d'honneur pourrait-il dire à son frère d'armes, si tu ne te bats à l'instant, *tu es un lâche ?* Ne serait-ce pas lui faire dire, en d'autres termes, tu es un lâche, parce que tu es fidèle à ton serment..... et moi je suis un brave parce que je méprise le mien, et le foule aux pieds, etc. En vérité , des idées aussi contradictoires , des sentimens aussi incompatibles ne se peuvent trouver que dans des cerveaux entièrement désorganisés, et par conséquent, nous ne les verrons plus sur les lèvres de nos soldats.

Mais nos deux hommes sont animés de la même passion , une fureur égale les transporte, ils sont l'un et l'autre décidés à fausser leur serment , ils veulent enfin que le sabre prononce sur leur querelle , voilà tout ce que l'on peut m'opposer de plus fort. Eh bien, oui ! dirai-je, ce fait est dans la classe des choses rigoureusement possibles, mais il sera extrêmement rare, et ce sera beaucoup pour nous d'être parvenus à un tel point. Je n'ai jamais dit que mon projet aurait la vertu d'anéantir tous les Duels et de les faire disparaître de la terre, mais je soutiens, ou plutôt je pose en fait qu'il en préviendra et empêchera le plus grand nombre, et ce qui est admirable, beaucoup plus facilement dans une légion, entre des hommes membres d'un corps soumis à la même discipline, qu'entre des individus isolés, lesquels n'ont d'autre règle que leur folle imagination; et cependant, si quelqu'un se croit fondé à réfuter mon assertion, je le prie instamment de me faire connaître ses motifs, en lui faisant toutefois observer, qu'en législation, il faut bien se garder de courir après une perfection idéale.

Maintenant je vais passer aux deux autres causes de nos Duels, qui sont le *démenti et le soufflet*, et ici je dois répéter une observation déjà faite plus haut, c'est que ces deux dernières causes sont d'une nature bien différente de celle dont nous avons été occupés jusqu'à présent. Cette dernière entièrement destituée de fait et même de prétexte, n'est pas une injure proprement dite, elle n'est, comme je l'ai démontré, qu'une formule consacrée entre militaires, pour que le Duel se fasse à l'instant même, sans permettre aucune représentation qui pourrait le retarder. Je viens d'indiquer le moyen infaillible de faire disparaître cette formule qui, aujourd'hui amène presque tous les Duels de notre armée.

Il n'en est pas de même des deux autres causes dont je vais parler, elles portent chacune sur un fait précis et déterminé, c'est-à-dire sur ce que nous appelons un corps de délit, ce qui de sa nature est nécessairement beaucoup plus rare. Or, chacun voit, d'après cette différence, que tout corps de délit, quel qu'il soit, ne peut être réprimé que par l'action de la justice.

CHAPITRE II.

DU DÉMENTI.

(Deuxième cause de nos Duels.)

DIRE à un homme en face qu'il a parlé ou écrit contre la vérité, voilà ce qui, dans notre langue, s'appelle un démenti; cette injure est vraiment grave, puisque c'est accuser celui à qui elle est faite, d'avoir manqué, non-seulement aux règles de l'honneur, mais encore aux premiers principes de la morale. Il n'est donc pas étonnant que le démenti soit devenu pour les Français une cause principale de Duel, et l'on conçoit en même temps que si le législateur est obligé de prendre une mesure contre celui-ci, il doit par là même en prendre une contre celui-là.

Mais au surplus, en proposant une mesure contre le démenti, je n'entends point proposer une chose nouvelle, nous avons déjà, dans le corps du droit français, des lois militaires contre cette injure, et personne ne dira , sans doute, que ces lois ont été rendues dans un temps d'ignorance ou de barbarie.

Quand Louis XIV eut déclaré, par son édit (devenu loi fondamentale de l'État), que le trône de la monarchie renonçait pour jamais à accorder des lettres de grâce à tout duelliste, quel que fut son rang et sa naissance, le monarque comprit en même temps qu'il devait réprimer les causes les plus ordinaires des Duels, et en conséquence, l'édit dont nous parlons, fut bientôt suivi d'un réglement de MM. les maréchaux de France du mois d'août 1653 , lequel condamne tout gentilhomme ou officier qui aura donné un démenti, à un emprisonnement de deux mois, et à demander pardon à la personne offensée.

Cette peine fut ensuite augmentée de deux autres mois, aussi par réglement de MM. les maréchaux, de l'an 1670 ; et enfin cette dernière punition ayant encore paru insuffisante, il fut ordonné par la déclaration du 12 avril 1713 , que les démentis seraient punis de deux années de prison. (Voyez le *Répertoire universel de Jurisprudence,* p. 325 , verb. *Démenti.*)

Ainsi la France moderne a des lois spéciales sur l'injure qui fait l'objet du présent chapitre, et ces lois ont été données comme une suite nécessaire de l'édit prohibitif des Duels; je ne fais donc, en cet instant, que m'approprier la pensée de deux de nos monarques, avec celle du tribunal suprême de l'armée française sous les mêmes règnes. Il m'a semblé que sous de tels auspices, l'on pouvait se présenter avec quelque confiance.

On me dira que les réglemens dont j'ai rappelé les dispositions, n'ont produit aucun effet, j'en conviens, mais quelle fut la cause d'un tel résultat? Serait-ce parce que le démenti, de sa nature, n'est point susceptible de répression, ou qu'il ne peut être réprimé *entre militaires?* Personne n'avancera une pareille proposition. Ce fut évidemment, parce que les lois portées jusqu'alors contre les duellistes, étant restées sans exécution, ou plutôt ayant été inexécutables, nous eûmes la faiblesse de laisser croire au génie du Duel qu'il était supérieur à toutes les autorités humaines, et ne pouvait être atteint par aucune mesure; or, il fallut bien, dans un tel état de choses que, malgré les réglemens de MM. les maréchaux de France, tout militaire à qui un démenti avait été donné, s'en vengeât par le moyen voulu par nos mœurs ou nos préjugés ; en tenant une autre conduite, il se jetait dans un gouffre de malheurs dont il lui eût été impossible de sortir, il est donc certain que jusqu'à présent, nous n'avons fait sur cette matière que tourner dans un cercle vicieux, tracé par une indifférence ou une légèreté que l'on ne peut excuser; car vouloir réprimer le démenti, avant que le Duel le soit lui-même, ou réprimer le Duel sans le démenti, c'est décidément ne rien faire, et telle est la faute dans laquelle nous sommes tombés.

Mais aujourd'hui que la matière est plus éclaircie, que nous convient-il de faire ? (Nous raisonnons toujours dans la supposition que le Duel est prohibé par la loi.) Devons-nous rétablir les réglemens militaires dont nous avons rendu compte ? Non, je ne le pense pas. Comme toutes les fois qu'il s'agit d'injures personnelles, leur plus ou moins de gravité dépend toujours des circonstances, elles doivent être laissées entièrement à la sagesse de la justice, et par conséquent tout démenti sera jugé, 1º selon le plus ou moins d'importance de l'objet qui l'aura provoqué ; 2º d'après les qualités des personnes, leurs intentions et leur situation morale, au moment de l'injure ; 3º enfin, selon la qualité des personnes qui en auront été témoins ; or, il est sensible que le législateur ne peut descendre dans ces détails, ni fixer d'avance les peines qui seront à prononcer, ainsi que l'avaient fait les réglemens ci-dessus rappelés. Un pareil tarif se trouverait, par la nature des choses, bien rarement en harmonie avec la justice, ou ce serait l'effet du pur hasard. Tout ce qui est à faire, c'est une déclaration extrêmement simple, conçue dans les termes suivans : « Nos conseils de guerre pronon» ceront sur les démentis dont les plaintes leur seront » adressées; les jugemens qu'ils rendront seront moti» vés sur toutes les circonstances du fait. » Voilà où se borne la mission du législateur.

Cela posé, que fera la justice, quand elle devra statuer sur un démenti, par exemple entre jeunes camarades ou même entre anciens frères d'armes? Personne ne l'ignore, son premier soin sera de chercher à réconcilier les parties, ce à quoi elle parviendra presque toujours, et nous savons aussi que lorsque ses efforts, sous ce premier point de vue, auront été inutiles, elle prononcera un jugement auquel le public s'empressera d'applaudir. Tels sont les infaillibles résultats de la mesure que nous proposons. Nous ne verrons plus nos soldats forcés de s'entr'égorger pour une injure. dont la gravité disparaîtra souvent, à l'examen que les juges feront des circonstances qui l'environnent, ou laquelle, en tous cas, sera punie comme elle le mérite. Un principe éternel dont nous ne sommes pas assez pénétrés, c'est qu'il ne peut exister de civilisation sans justice, que celle-ci doit protéger tous les hommes, sans distinction, mais surtout d'une manière spéciale une jeunesse réunie en masse, et toujours armée de son sabre. Un autre principe que nous avons aussi jusqu'à présent méconnu, c'est que chez les peuples civilisés, les atteintes portées à l'honneur sont, de toutes les affaires, les plus graves dont la justice doive s'occuper (1). Mais en voilà assez sur ce triste chapitre des misères humaines ; ayons le courage d'aborder la troisième cause de nos Duels, cause contre laquelle, jusqu'aujourd'hui, toute la sagesse humaine a reculé d'effroi, comme reconnaissant toute sa faiblesse, toute son incapacité.

(1) Si la mesure que nous proposons eût existé, il y a trois ans, le Duel dont, à cette époque, la capitale a été témoin, entre deux personnages illustres, au sujet d'un démenti sur un fait récent de notre histoire, n'eût pas été pour la France un sujet d'inquiétudes et d'alarmes. Je ne me permettrai pas de prononcer sur le fait, cependant il m'a paru, d'après ce qu'en ont dit les journaux, que le démenti dont il s'agit était moins dans la chose que dans le mot ; l'on peut errer sur un fait et particulièrement sur ses circonstances, sans pour cela avoir intention de mentir ; mais quoi qu'il en soit, cet événement seul a démontré mieux que toutes les dissertations possibles, combien il importe, et à notre armée, et à nos familles, que la loi soumette tous les démentis à la décision de la justice ; il n'est pas de mot dans notre langue qui prête à plus d'interprétations.

CHAPITRE III.

DU SOUFFLET.

L'action que nous avons appelée soufflet, (expression d'ailleurs heureusement trouvée), est aussi ancienne que l'état de famille. Dans tous les temps, elle a été une manière de corriger les enfans, et les jeunes esclaves, pour ces oublis ou ces petits manquemens qui ne sont pas même regardés comme des fautes. C'est dans ce sens qu'en parlent tous les auteurs de l'antiquité : *Sed nos,* dit Juvénal, *incutimus colaphum lambenti ferula servo.*

De l'état de famille, le soufflet a passé naturellement dans la société des adolescens qui se recherchent pour les mêmes jeux. Ils ne connaissaient pas encore, dans ce temps heureux, cette haute doctrine d'après laquelle le soufflet ne peut se réparer que par la mort de celui qui le donne ou de celui qui le reçoit.

Ce qui vient d'être dit sur l'origine et la nature du soufflet, ne sera, j'espère, pas contesté ; mais cependant des termes auxquels je me suis restreint, chacun doit conclure que si la même action est permise dans le sein de la famille, si elle n'est qu'un prêté et un rendu, entre les amis et compagnons du jeune âge, elle doit changer tout-à-coup de caractère, lorsqu'elle aura lieu entre personnes différentes par l'âge, la condition, ou qui sont étrangères les unes aux autres. Il est palpable que dans ces derniers cas, le soufflet deviendra une insulte des plus graves et tellement grave, qu'en droit comme en justice, elle pourra faire excuser la plus excessive des vengeances. (1)

Il en est du soufflet, comme de toutes les autres actions humaines : la moralité doit s'en apprécier, d'après les circonstances et la qualité des personnes entre lesquelles il a lieu. C'est sous ces divers points de vue qu'il est jugé dans tous les pays où il y a quelques notions de sociabilité, et c'est aussi d'après les mêmes principes, qu'il a été considéré en France jusqu'au 17me siècle ; mais quand le combat judiciaire fût définitivement aboli, la force centrifuge dont il avait été le modérateur, pendant dix siècles, ne connut plus de bornes ; tous les soufflets indistinctement furent confondus et déclarés par le fait seul, aussi criminels les uns que les autres, et par conséquent soumis à la même mesure, malgré toutes les différences qu'y mettent nécessairement, et les circonstances, et les qualités des personnes. Oui, aussitôt que l'institution du combat judiciaire cessa d'être dans nos mœurs, le fondateur du Duel, devenu juge exclusif de toutes les affaires d'honneur, prononça du haut de son trône cette terrible sentence : « *Le soufflet ne se lave que par*

(1) Voyez sur le soufflet, Grotius, liv. **II**, chap. **II**, parag. **X**. Voyez aussi, sur le même article, **la Dissertation de Puffendorf, liv. II**, chap. **V**, parag. **XII**.

le sang » , et ces paroles dignes tout au plus des trétaux, lorsqu'elles seront nasillées par les paillasses et pierrots de nos foires, sont devenues une loi sacrée pour tout militaire français. C'est en vertu de cet oracle que deux amis les plus intimes sont obligés de se battre, jusqu'à ce que l'un des deux morde la poussière, pour un soufflet donné dans un moment de vivacité ou de colère, et cela quand même il aura été provoqué par un acte de violence ou d'injustice.

Ainsi, nous pouvons le dire, le soufflet, en France est condamné à une peine beaucoup plus cruelle que ne le sont tous les crimes prévus par le code pénal, sans même en excepter le parricide : En effet, le grand législateur en cette partie a décidé que l'innocent lui-même doit détruire le coupable, ou être détruit par lui, plutôt que de survivre au soufflet ; il a déclaré que la justice humaine est incapable ou insuffisante pour prononcer sur une telle injure ; enfin que celui qui l'a reçue, est, *ipso facto*, aussi coupable que son agresseur, quels que soient d'ailleurs les antécédens, la qualité des personnes, leur liaison, leur âge, leur situation mentale, etc.

Nous pouvons donc assurer que chez le peuple le plus civilisé du globe, il règne (dans le genre de la folie et du fanatisme) une coutume bien supérieure à tout ce que les voyageurs nous racontent des nations qui habitent les rives du Gange ou l'archipel du Japon.

Mais suivons notre objet. Quelle est encore à moi,

dans un tel état de choses , l'obligation que je me suis imposée ? elle est ce qu'elle a été pour le démenti ; je dois proposer une mesure de répression contre cette troisième cause de nos Duels, et ici je n'ai pas non plus la prétention de donner rien de nouveau , nos ancêtres nous ont laissé , sur cette matière, une jurisprudence dont il est impossible de ne pas reconnaître la sagesse , et voici ce que nous lisons à cet égard dans nos livres élémentaires du droit français :

« Le soufflet est un affront très injurieux.............…..
» *Quia in vultu totus homo est......* Quand cette in-
» jure est faite à une personne de considération , celui
» qui en est convaincu est condamné à de grosses amen-
» des , et quelquefois au bannissement , ce qui dépend
» des circonstances. »

FERRIÈRE , verb. Soufflet.

Faites attention à ces paroles, *ce qui dépend des circonstances,* elles ne laissent rien à désirer, elles renferment tout ce qui est à faire sur l'espèce, et le plus profond des moralistes n'y verra aucune autre mesure possible.

Cependant qu'est-il arrivé? La jurisprudence dont nous venons de donner l'extrait est restée dans nos livres comme une belle utopie, comme une théorie purement philosophique, et malheur à l'homme d'honneur, en France, qui oserait y recourir ; *le soufflet ne se lave que par le sang,* telle est la seule règle à laquelle il doit une obéissance aveugle.

Mais aujourd'hui (parlant toujours de la supposi-tion qu'une loi sera enfin rendue contre le Duel), j'ose présenter au législateur une déclaration dont voici les termes :

« Tout militaire auquel un soufflet aura été donné ,
» présentera sa plainte, et le conseil de guerre y sta-
» tuera dans le plus bref délai; le jugement sera toujours
» motivé sur les circonstances du fait et la qualité des
» personnes. »

Voilà encore sur cet article où se bornent les devoirs du législateur.

Faut-il maintenant que je m'étende longuement sur les bienfaits de cette déclaration ? Eh! qui pourrait ne pas les voir comme moi ? Le militaire, après un soufflet qu'il lui a été aussi impossible d'éviter qu'une tuile que l'ouragan fait tomber sur sa tête , ne sera plus exposé à perdre en même temps et l'honneur et la vie. Des amis intimes, pour un moment de colère , ne seront plus forcés de s'entre-égorger, le plus souvent la jus-tice parviendra à les réconcilier.

Et si l'injure a eu lieu entre personnes non liées par l'amitié (ou même étrangères l'une à l'autre , ce qui sera extrêmement rare), elle saura prononcer une peine dont l'exemple sera beaucoup plus efficace que le Duel à mort, *Scilicet in ære potius quam in cute.*

Or, n'est-il pas vrai que cette manière de laver le soufflet, sera un peu plus digne de notre dix-neuvième siècle, un peu plus française que celle qui , dans tous les cas, ne veut que du sang, toujours du sang, et jusqu'à la dernière goutte du sang. Certes, quand notre mesure sera adoptée (et alors seulement), nous pourrons dire que la France se sera libérée envers ses enfans, d'une dette sacrée qu'elle leur doit depuis deux siècles et demi ; et qu'elle est cette dette? rien autre chose que la justice, la justice sans laquelle une réunion de trois hommes ne peut exister sur la terre (1).

(1) Il règne, depuis quelque temps, une division d'opinions trèsimportante dans le conseil du génie du duel; ce génie, selon quelques-uns de ses conseillers, devrait révoquer son arrêt relatif au soufflet, se contentant de placer celui-ci sur la même ligne que le démenti; mais, selon d'autres conseillers qui voient les choses de plus loin et forment la majorité, toute innovation présente des dangers, et d'ailleurs le vrai triomphe du génie du duel est dans le soufflet, aussi continue-t-il tous les jours à se laver par le sang.

Voici un fait arrivé, y a quelques années, dans une ville de France : M. L......., capitaine au régiment de......, et préposé à l'habillement du corps, entre dans un magasin de draps, lequel, en l'absence du maître, était gardé par un seul commis, et celui-ci était allemand. Après avoir examiné plusieurs pièces de drap, M. L...... en demande les prix, et sur la réponse qui lui est faite, il crie à l'exagération ; là-dessus, l'allemand qui en était séparé par le comptoir, lui décoche un vigoureux soufflet, et s'enfuit aussitôt par l'intérieur. Le capitaine s'y élance et croit qu'à l'instant il va punir cet excès d'audace, mais son auteur a disparu, on ne le trouve plus dans la maison, quoique fouillée dans tous ses coins et recoins. Cependant, M. L...... fait sa plainte à la police; celle-ci commet des hommes à la poursuite du coupable, mais toutes leurs recherches pendant plusieurs jours ont été inutiles. M. L...... retourne à son corps où déjà sa mésaventure était connue, et, quoique le soufflet dont nous parlons, eût été vraiment une tuile tombée du toit sur la tête du passant, il fut obligé de donner sa démission. *Çà est comme çà ;* M. L...... a fait tout ce qu'il était possible au monde pour se venger, il n'y est point parvenu, tant pis pour lui, il devait de loin prévoir l'événement, et ne pas aller dans cette galère.

J'ai établi, 1º que tous les Duels, ou presque tous les Duels de nos militaires sont amenés par trois causes, lesquelles sont toujours les mêmes, et de cet état de choses incontestable, j'ai conclu que ces trois causes peuvent être facilement prévenues, ou réprimées par une loi spéciale, en conformité de ce vieil adage, *Leges, pro consuetis.*

2º J'ai montré qu'en portant cette seconde loi, le législateur ne ferait pas une chose nouvelle, du moins quant au démenti et au souflet, puisque dans un temps assez rapproché de nous, et que l'opinion publique a appellé le grand siècle, déjà notre monarchie avait fait des lois contre ces deux espèces d'injures, extrêmement graves, surtout entre militaires.

3º Enfin, j'ai prouvé que si ces lois de la monarchie sur le démenti et le soufflet n'ont pas eu d'exécution, c'est parce que celles rendues précédemment contre les Duels n'en ayant pas eu elles-mêmes, nous sommes tombés sur cet article dans un cercle vicieux qui a subsisté jusqu'à la révolution, et dont celle-ci n'est sortie qu'en tranchant le nœud gordien, c'est-à-dire en tirant le Duel de la classe des crimes, pour le faire entrer malgré le cri de la nature entière, dans celles des actions légitimes, ou plutôt des obligations rigoureuses.

Ainsi, je crois avoir rempli l'objet que je me suis proposé dans ma seconde dissertation, en donnant à la première le complément qui lui manquait, et telle sera, j'espère, l'opinion de tous les hommes, qui ne vont pas cherchant sans cesse dans les affaires de ce

monde , une perfection dont elles ne sont pas suscep·
tibles.

Cependant ce n'est pas encore assez, et je croirai
n'avoir pas fait tout ce que je dois, si je ne réponds
dans ce moment aux objections avec lesquelles on est
parvenu à repousser, non-seulement mon projet, mais
tous ceux qui ont été présentés sur la matière depuis
la restauration. Oui , je dois cette réponse, parce que
ces objections en imposent beaucoup aux personnes
qui, avec beaucoup de mérite d'ailleurs, ne sont
pas familiarisées avec les débats polémiques, et si je
ne la faisais point, l'on m'accuserait sans doute d'abandonner la partie, ce à quoi, néanmoins, je ne suis nul-
lement disposé. Il est, au surplus, entré dans mon
plan , et j'y serai fidèle, de faire connaître, avec toute
la franchise dont je suis capable, les principales difficultés que l'on m'oppose, afin que l'homme de bon
sens, soit en état de juger par lui-même la question,
sans être dans le cas de recourir à l'opinion d'autrui.
L'expérience m'a trop appris que lorsqu'on attaque un
préjugé cher à l'orgueil, quelqu'absurde qu'il puisse être,
quelque malheureux qu'en soient les résultats, il faut
avoir trois et quatre fois raison contre ceux qui le dé-
fendent. O choses humaines !

PREMIÈRE OBJECTION.

« Selon les uns, il est parfaitement inutile de s'oc-
»cuper de la loi que nous demandons avec tant de
»persévérance, car, si aujourd'hui, disent-ils, les Duels
»n'ont pas encore entièrement disparu du sol français,

»ils y sont devenus extrêment rares, or, quelle est la
»cause d'un si grand bienfait, évidemment ce n'est pas
»la loi, puisque depuis la révolution nous n'en avons
»aucune sur l'espèce, et que dans nos livres élémen-
»taires, le Duel est déclaré, en principe de droit fran-
»çais, n'être pas même un délit de simple police;
»donc la cause que nous cherchons, n'est et ne peut
»être que le progrès des lumières, lequel achèvera
»nécessairement son ouvrage, etc., etc. »

Tels sont les motifs de l'ordre du jour, sur lequel a
insisté la commission de la chambre élective, dans la
séance du 20 mai 1827.

SECONDE OBJECTION.

»Selon d'autres, le serment que je propose sous les
»drapeaux, sera de toutes les mesures la plus fausse
»comme la plus funeste, non-seulement il n'empêchera
»pas les Duels dans nos légions, mais il fera de nos
»militaires autant de parjures, et le remède sera mille
»fois pire que le mal, etc., etc.»

Ainsi, j'ai deux sortes d'adversaires, ceux qui ne
veulent pas de loi sur le Duel, quelque bonne quelle
puisse être, et ensuite ceux qui attaquent par son principe le projet que j'ai soumis au législateur, en préten-
dant qu'il sera une source d'immoralité.

Je demande qu'il me soit permis de répondre suc-
cessivement à ces deux adversaires, et d'abord, je commence par reconnaître avec les premiers, que nous
voyons aujourd'hui moins de Duels qu'avant la révolution, mais d'un autre côté, je soutiens que dans ce mo-

ment l'on exagère sans mesure la diminution qui existe réellement, afin d'avoir un prétexte pour s'autoriser à conclure qu'une loi sur le Duel est fort inutile, et pour rendre cette exagération palpable à tous ceux qui voudront bien ouvrir les yeux, je vais, autant toutefois que ma mémoire secondera mes intentions, je vais retracer les événemens de ce genre qui, à ma connaissance, ont eu lieu depuis la publication de mon premier écrit jusqu'à ce jour.

DUELS DES ANNÉES 1823 A 1825.

Ceux de Strasbourg et d'Épinal que j'ai rapportés plus haut, celui de Fontainebleau entre un général et un colonel, où le premier a été tué, celui de Paris entre deux hommes illustres, au sujet d'un prétendu démenti, dont j'ai également fait mention, deux autres à Nancy, vers la même époque, entre jeunes gens de la classe civile, un dans la ville de Saint-Mihiel, aussi entre fils de famille de la même classe, où l'un des acteurs a été tué, et l'autre a perdu un œil.

1826.

Un à Toul, au mois de mars, entre deux gendarmes, l'un et l'autre pères de famille, où l'un a été tué d'un coup de sabre. Un à Strasbourg, au mois de juin, où le comte de Sacken, étranger, a été tué par un jeune homme de cette ville; celui de Saint-Étienne-en-Forèz, où M. L., élève des mines, fils du marquis de L., a été tué par un médecin; celui de Lunéville, au mois d'octobre, à l'issue de la fête donnée à Son Altesse

Royale Monseigneur le Dauphin, où un juge auditeur du tribunal de la même ville a été tué par un secrétaire de la sous-préfecture ; celui qui s'est fait, très-peu de temps après, à Rouen, entre des officiers de corps différents, et lequel, pour les suites qu'il pouvait avoir, a donné à la France les plus vives, comme les plus justes alarmes. Voir à ce sujet la *Quotidienne* du 8 mars 1826, et la lettre de M. le comte de F.)

1827.

Celui qui, dans le mois de mai dernier, a eu lieu à Verdun, entre le major et un chef de bataillon du 40ᵉ de ligne, et où le premier a été tué, ces deux officiers sont connus dans l'armée par leur bravoure et leurs talens.

Celui de Mézières, du mois de juin dernier, entre le sieur Le Lorain et le sieur Garel, où celui-ci a été tué. (Voyez, au sujet de cet événement, la *Gazette des Tribunaux* du dimanche 1ᵉʳ juillet, art. Cour de cassation. (1).)

(1) Le sieur Le Lorain avait été traduit devant la cour de Mézières, comme coupable d'homicide volontaire sur la personne du sieur Garel. La veuve de ce dernier est intervenue au procès comme partie civile, et le jury ayant déclaré que Garel avait été tue en Duel, l'absolution de Le Lorain a été prononcée, mais en même temps la cour, statuant sur la demande de la partie civile, a adjugé, à titre de dommages-intérêts, à la veuve de la victime, la somme de vingt mille francs, et à ses enfans celle de quatre mille francs, portant intérêts, payable à leur majorité.

La cour a pensé que le Duel, quoiqu'il ne soit *en France ni crime*,

Celui d'entre le nommé L., sergent-major (1) au second régiment de ligne, et F. M., où ce dernier a été tué. (Voyez, sur ce fait, le *Journal des Débats* du 8 juillet.)

Celui entre deux frères, pour la possession d'une

---

ni délit, n'en était pas moins une cause légitime de dommages et intérêts, puisqu'aux termes de l'art. 1382 du Code civil, « tout fait » quelconque de l'homme, qui cause à autrui un dommage oblige » celui par la faute duquel il est arrivé, à le réparer. »

Cette décision, toute nouvelle, confirmée par arrêt de la Cour suprême, du 29 juin dernier, est digne de fixer l'attention de tout législateur, qui ne manquera pas d'examiner, 1° si l'homme que la justice condamne à des dommages-intérêts pour avoir, dans l'action du Duel, donné la mort à son semblable, peut néanmoins rester exempt de toute peine personnelle; 2° si cette action peut n'être qualifiée ni crime ni délits ; 3° il examinera si la mort donnée par le Duel, peut être assimilée à un accident ou à un acte d'imprudence, ou si, au contraire, elle n'est pas le résultat d'une préméditation nécessaire, comme celui d'une volonté bien réfléchie ; il est impossible que cet examen ne se fasse, après l'arrêt de Mézières dont nous venons de rendre compte.

(1) A son audience du 12 juin dernier, la Cour royale de Metz, chambre des mises en accusation, contrairement aux réquisitions du ministère public, qui demandait la mise en liberté du prévenu, a renvoyé devant la Cour d'assises de la Moselle, le nommé L., sergent-major au régiment de . . . . comme accusé d'avoir, à la suite d'un rendez-vous par lui indiqué, donné la mort à F..... M., par suite d'un coup de sabre qu'il a porté volontairement à celui-ci.

Cet arrêt justifie ce que j'ai avancé dans ma première dissertation, savoir : que celles de nos Cours qui, d'après le Code pénal, mettent les duellistes en accusation de *meurtre volontaire*, ne changent pas leur jurisprudence, malgré les décisions contraires de la Cour de Cassation.

Cette circonstance seule montre que la loi est devenue indispensable.

jeune personne dont ils étaient également épris, lequel a eu lieu dans le mois de juillet dernier, avec des circonstances qui font frémir et dont il n'existe aucun exemple. Cet horrible événement a été rapporté par *la Quotidienne*, du 29 de ce même mois.

Celui de Paris, hors la barrière de Clichy, du 25 septembre, entre deux fils de famille, à la suite d'une querelle commencée dans une maison de jeu, et bientôt jugée en dernier ressort par le pistolet. Il m'a été dit que, contrairement à leur usage, les journaux de la capitale avaient gardé un profond silence sur ce dernier événement.

1828.

Au mois de février.

Le Duel de deux jeunes gens de l'école de cavalerie de Saumur, où M. de Narbonne, fils de M. de Narbonne Lara, a été tué.

Celui de Paris, le 10 février, où M. Haïdé, grec, natif de Constantinople, a été tué en Duel par M. le marquis de B.

Celui de Dijon, entre M. M. N., propriétaire, et M. B., chirurgien vétérinaire, où celui-ci a été tué d'un coup de pistolet.

Ces deux derniers événemens sont dans tous les journaux.

Je viens de retracer des faits qui m'ont été appris par les papiers publics, ou dont j'ai une connaissance personnelle; mais combien n'en est-il pas qui me sont inconnus; l'on assure que Paris seul en fournit au moins deux par jour ; comment peut-on dire , après ces faits , que depuis la révolution les Duels sont devenus extrêmement rares? Eh bien, quoi qu'il en soit , cette tactique a fort bien réussi à ses inventeurs , tous les jours nous voyons des personnes, remplies des meilleures intentions, nous assurer de bonne foi, que l'on ne voit plus de Duels en France. Ces personnes tiendraient sans doute un autre langage si elles prenaient la peine d'observer ce qui se passe journellement sous leurs yeux , bientôt elles seraient convaincues , 1° que l'on affecte de leur exagérer jusqu'au ridicule , la diminution qui existe, afin de s'autoriser à conclure ensuite que toute loi sur l'espèce est dorénavant inutile.

2° Si elles jetaient un coup-d'œil sur l'histoire , elles y verraient que déjà , à diverses époques bien remarquables, l'on a cru faussement en France que le Duel était anéanti. Sous le règne de Louis XIV , c'est-à-dire pendant une période de soixante-dix ans, le monstre a été enchaîné ; car les historiens nous disent qu'il était entièrement passé de mode à la mort de ce prince, et l'on sait qu'en France la mode est tout. Certes, une telle situation, si l'on considère les mœurs du temps, était bien autrement favorable que la nôtre, eh bien! tout le monde sait que sous les règnes qui ont suivi, les Duels ont repris toute leur première audace, toute leur première fureur.

La même situation s'est représentée durant toutes les guerres de la révolution : pendant cette longue période, le Duel n'a pas osé ternir la gloire des armées françaises , mais aussitôt que la France n'a plus eu d'en-nemis à combattre , il y est redevenu plus menaçant et plus terrible qu'il n'avait jamais été depuis son exis-tence, comme ne le justifient que trop les faits inouis arrivés depuis notre restauration. (Voyez ces faits dans mon premier écrit.) Ils sont de la plus haute importance.

Ainsi le fameux argument avec lequel les défenseurs du Duel sont parvenus jusqu'à présent à empêcher la loi que nous demandons, n'est que ce misérable sophisme , appelé par l'école une pétition de principes , et je ne conçois pas comment des personnes , d'ailleurs très-estimables , ont pu en être les dupes, il est évi-demment faux que depuis notre révolution , les Duels sont devenus rares en France , si nous voulons toute-fois que les mots d'une langue soient les signes des choses, donc il est également faux que le progrès des lumières nous ait apporté un bienfait qui n'a existé que dans des paroles vides de tout sens (1).

Personne plus que moi ne rend hommage à la perfec-tibilité de l'esprit humain, dont tous les jours je ne

---

(1) Nous devons faire ici une distinction très-importante ; il est incontestable que pour les classes non militaires ou non nobles, les Duels sont beaucoup plus fréquens chez nous, qu'ils ne l'étaient avant la révolution.

Aujourd'hui les écoliers , les ouvriers se battent en Duel, et par conséquent, s'il y a diminution d'un côté , il y a augmentation de l'autre , voilà à quoi ne font pas attention les personnes qui parlent sans cesse de la diminution des Duels.

Un homme obscur est tué, le ministère public informe, le ma-gistrat voit que c'est par le Duel, il ne va pas plus loin, et ce fait n'est point connu du public.

cesse d'admirer les prodiges nouveaux, aussi n'ai-je pas négligé d'examiner, avec toute l'attention dont je suis capable, si ce principe inépuisable de biens, avait influé sur l'objet que nous traitons ; mais malheureusement une négative absolue a été le résultat de mes recherches, et s'il y a ici de la lumière, mes yeux ne peuvent voir que celle du pistolet. Et que l'on ne m'accuse pas de me permettre une plaisanterie qui serait de toute inconvenance dans une discussion aussi grave que la nôtre, non, je ne croirais pas mériter une telle accusation, et je le répète très-sérieusement, le pistolet, dans les temps où nous vivons, au milieu de toutes les lumières du dix-neuvième siècle, est le vrai modérateur de nos duels, la seule cause de la diminution qui s'y fait remarquer, et la vérité de mon assertion sera démontrée dans un instant.

Avant la révolution, les premiers de la nation française, comme les derniers, ne se battaient qu'à l'arme blanche, et alors les Duels étaient plus fréquens qu'ils ne le sont de nos jours, j'en pourrais citer plusieurs (et mes contemporains le peuvent comme moi), j'en pourrais citer plusieurs qui se sont faits à l'épée, entre officiers supérieurs, entre gentilshommes titrés et autres personnes du plus haut parage, mais aujourd'hui les gens de cette qualité ne se battent plus qu'au pistolet, en sorte que ce nouveau genre de Duels est aujourd'hui en France celui du bon ton, celui de la première classe de la société.

Cependant, quel que soit l'empire de l'exemple, pourrait-on dire que le pistolet aujourd'hui est universellement adopté, comme l'était avant la révolution l'arme blanche? Non, et pour peu qu'on réfléchisse sur la marche de l'esprit humain, l'on verra que le Duel au pistolet doit rencontrer beaucoup d'opposition même dans la haute classe. En effet, voici ce qui est arrivé : tous les jours nos deux genres de Duels sont comparés l'un à l'autre : une telle comparaison ne se peut faire sans rendre sensible la grande différence qui existe entre eux, sans montrer à tous les yeux, que le courage, l'adresse, la valeur de l'ancienne chevalerie, que l'honneur français, en un mot, ne comptent absolument plus pour rien dans le Duel au pistolet ; ce n'est pas tout, jamais cette comparaison ne se fera, sans mettre en évidence que l'être le plus vil, comme le plus ignorant dans l'art des combats, peut abattre le plus brave, le plus vaillant de tous les hommes (1). Et de toutes ces considérations il est nécessairement résulté que le Duel nouveau, étant beaucoup plus assassinat

(1) Il paraît que ces considérations ont aussi frappé le génie du Duel lui-même, l'on assure qu'il veut décidément réformer le pistolet, et remplacer celui-ci par une belle pièce d'artillerie qui sera spécialement affectée à ce genre de combat ; il a grandement raison, et l'on ne conçoit pas comment il a pu jusqu'à présent, pour des affaires toutes *d'honneur*, employer le pistolet : celui-ci, de tous les instrumens du monde, n'est-il pas le plus vil, le plus méprisable puisqu'il est celui des crimes les plus odieux, de la trahison, du guet-à-pens et du suicide, etc., etc.

Le Duel à coup de canon sera plus savant, plus pittoresque, plus digne de ses acteurs, mais en attendant cette heureuse réforme, c'est toujours par le pistolet que, depuis la révolution, se font les Duels de la bonne société, et c'est aussi par cette raison que le nombre en est diminué.

que l'ancien, est devenu moins fréquent que ce dernier n'a été dans le temps où il était d'un usage général, mais il sera palpable pour tout homme de bon sens, qu'un tel état de chose est bien loin d'être l'ouvrage du progrès des lumières, à moins que l'on n'entende, par ces mots, le progrès de la doctrine du matérialisme, sur quoi l'on me trouvera parfaitement d'accord.

Mais allons plus loin, et pour qu'il ne reste pas l'ombre du doute sur la vérité de mon assertion, voyons ce qui se fait dans l'épaisseur de nos régimens, voyons si le progrès des lumières diminue aussi entre nos soldats le nombre des Duels ; et nous reconnaîtrons aussitôt que, dans cette classe, ils sont aujourd'hui aussi nombreux qu'ils l'ont été dans tous les temps (1), et pourquoi cela ? par la raison toute simple

(1) Le public n'a jamais connu que les duels qui font bruit dans le monde par les noms et qualités des acteurs, c'est-à-dire ceux qui ont lieu entre officiers, ou personnes de l'ordre civil ; mais l'on conçoit que le public n'a jamais connu, et ne devra jamais connaître tout ce qui se passe à cet égard dans l'intérieur de nos légions ; trop de motifs, trop d'intérêts s'opposent à cette publicité que l'on a soin d'empêcher par tous moyens. Cependant j'ai cru de mon devoir, de faire sur ce point des recherches positives, lesquelles m'ont appris que les Duels entre soldats *vont comme du passé, tantôt plus, tantôt moins*, sans que l'on puisse sur ce point rien déterminer de précis; et certes les choses ne peuvent de leur nature aller autrement. En effet, vouloir qu'un mode de vengeance, adopté depuis deux ou trois siècles, dans une multitude armée, c'est-à-dire dans un corps, formant à lui seul une sphère qui roule continuellement sur son axe, vouloir, disons-nous, que dans un corps ainsi organisé, ce que l'on appelle progrès des lumières, par sa seule vertu

que nos soldats continuent à se battre à l'arme blanche, car dès l'instant qu'ils en changeront pour suivre l'exemple de MM. les officiers, la fréquence des Duels diminuera aussi parmi eux, ou plutôt l'existence de tout corps militaire deviendra une chose impossible, car presque tous les Duels au pistolet donnent la mort, et il n'en est pas, à beaucoup près de même, de ceux qui se font par le sabre ou l'épée. Aussi voyez les Duels que j'ai rapportés plus haut, Ils ont tous été faits au pistolet, excepté ceux des deux gendarmes de Toul, parce que ces deux militaires étaient de la classe plébéienne. S'ils eussent porté l'épaulette, l'arme à feu, pour se conformer à l'exemple de MM. les officiers, eût été leur instrument; donc l'argument bannal, tiré du progrès des lumières, et qui sort de toutes les bouches, n'est qu'un outrage grossier fait à la vérité.

Mais admettons, pour un instant, une diminution de Duels plus considérable qu'elle ne l'est encore, s'ensuit-il qu'une loi sur l'espèce soit inutile, personne n'osera tirer une pareille conséquence. En effet, je suppose que tout autre crime, très-commun il y a cin-

y diminue le nombre des Duels, c'est la chose humainement impossible.

Ne sait-on pas qu'outre les occasions de chaque jour, lorsqu'un régiment en vient relever un autre, il y a pour la garnison une fête dite de *la bien-venue*, n'est-il pas vrai que toutes ces fêtes finissent régulièrement par plusieurs Duels, d'autant plus terribles qu'ils sont animés par des rivalités de corps différens, et la situation personnelle où se trouvent les combattans.

quante ans, soit aujourd'hui diminué de moitié. Prenons pour exemple le vol des grands chemins, lequel, grâce au service de la gendarmerie, se fait de nos jours, beaucoup moins qu'autrefois, hé bien! faudrait-il que la moitié restante demeurât impunie, jusqu'à ce que le progrès plus ou moins lent des lumières eût consommé son ouvrage? jamais sans doute, une telle absurdité ne frappera nos oreilles, et voilà cependant ce que sont réduits à soutenir les auteurs de la première objection que je viens de réfuter.

Il est démontré par des faits bien positifs, que l'on exagère jusqu'au ridicule, la diminution de nos Duels, et en même temps que cette diminution, telle qu'elle existe en réalité, a une toute autre cause que le progrès des lumières, mais cependant ce dernier article continue de donner lieu à des observations que, d'après mon plan, je dois faire connaître aux personnes qui prennent intérêt à notre discussion.

« Il n'est pas de peuple sur la terre, me dit-on, qui
» n'ait été esclave des préjugés les plus extravagans,
» comme des pratiques les plus indignes de la nature
» humaine, et personne n'ignore que la plupart de ces
» préjugés ou pratiques, surtout en Europe, ont dis-
» paru *avec le temps*, ce qui, en d'autres termes, ne
» peut signifier que le progrès des lumières, donc il
» est bien naturel de croire que le même mobile agira
» sur le Duel, qu'il fera un jour disparaître de nos
mœurs, etc. »

Oui, répondrai-je, les faits sur lesquels ce raisonnement est fondé sont vrais, et la conséquence que l'on en tire, sera juste, si toutes fois ce que l'on appelle progrès des lumières se trouve en harmonie avec la nature de l'être libre et moral, et enfin nous donne une loi contre les Duels, car s'il en est autrement, ces termes, *progrès des lumières*, ne seront qu'une jonglerie fort dangereuse, et j'ajouterai même que ceux qui ne partageraient pas mes sentimens sur ce point, me donneraient à penser qu'ils ne connaissent ni le cœur humain, ni la nature du Duel en lui même.

En effet, de toutes les passions dont l'homme est malheureusement susceptible, il n'en est pas d'aussi séduisante, ou plutôt d'aussi enivrante que celle de la vengeance qui, pour cette raison a été appelée, non sans grande justesse, le plaisir par excellence des immortels. Cela posé, quels sont les moyens employés par nous, pour prévenir, ou au moins modérer les accès de cette passion, plus terrible chez les peuples civilisés que chez les sauvages, parce qu'elle y est beaucoup plus savante ? Nous n'en avons employé aucun, loin de là, nous avons fait tout le contraire, car nous avons, autant qu'il est en notre pouvoir, ennobli et encouragé la vengeance, pourvu qu'elle se fasse avec le fer et le feu, lesquels sont les instrumens dont nos guerriers doivent être sans cesse armés, donc il est impossible, même physiquement, que le progrès des lumières, sans la puissance de la loi, parvienne à rompre une combinaison aussi profonde, en faveur du mal. Et ceci est une vérité dont nos anciens législateurs ont toujours été pénétré, ainsi que ceux de toutes les nations européennes.

2° Il n'est pas vrai que le progrès des lumières *seul* ait mis fin aux coutumes désastreuses ou insensées, qui ont eu lieu chez les différens peuples de la terre, et une preuve sans réplique, entre plusieurs autres, de la vérité de mon assertion sur ce point, va nous être fournie par l'histoire elle même.

Le combat des gladiateurs de l'ancienne Rome, ne favorisait point, comme notre Duel, un des malheureux penchant du cœur humain, loin de là, il était pour l'homme le moins cultivé, un spectacle des plus affreux comme des plus déchirans, et il ne donnait à l'homme réfléchi que des sentimens de désespoir, en lui montrant l'être doué de raison et de liberté dans une sphère bien au-dessous de celle des bêtes (celles-ci ne connaissent pas la vengeance), et certes, nous disons tous aujourd'hui, qu'un pareil spectacle ne devait pas se représenter deux fois chez une nation sauvage ou, en tous cas, qu'il devait tomber pour jamais, après quelques représentations, hé bien, c'est précisément le contraire qui est arrivé, le combat des gladiateurs a fait, pendant une longue suite de siècles, les délices du peuple roi, quoique dans tous les temps, les gens de bien, et Cicéron, entr'autres, l'eussent hautement blâmé, mais l'improbation des hommes les plus respectables, (ce qui était néanmoins la meilleure preuve du progrès des lumières), pouvait-elle être une défense suffisante pour les entrepreneurs et amateurs de ces horribles jeux, auxquels Juvénal nous assure que les dames elles-mêmes prenaient un grand plaisir?

Ici, vous allez croire sans doute, que la lumière de l'évangile va faire cesser une monstruosité, contre laquelle la nature entière se révolte, hé bien! vous seriez dans l'erreur. Ces spectacles ont encore duré cinq siècles après le règne de l'évangile, quoique le siége en fût à Rome, et il n'a rien moins fallu pour y mettre un terme, qu'un décret de l'empereur Théodoric, décret qui sans doute n'eût pas été rendu à cette époque, si ce prince lui-même n'eût embrassé le christianisme.

Que le terrain, de sa nature le plus fertile, reste sans culture, vous le verrez bientôt couvert de ronces, d'épines, et rempli de vipères; telle est la condition de l'homme, il est condamné à un travail continuel, s'il veut rendre son existence supportable, et quel travail est plus nécessaire aux hommes réunis en société, que celui de la législation? celle-ci n'est-elle pas l'œil du père de famille qui doit être continuellement ouvert sur toutes les parties de l'édifice social?

Mais comment, va-t-on me demander, ai-je pu me permettre de comparer le très-noble Duel de France, à la lutte méprisable des gladiateurs de Rome? et moi, comment serait-il possible, vous demanderai-je à mon tour, de ne point placer sur la même ligne, ces deux genres d'action? Chacune d'elles n'est-elle pas le combat à outrance de deux hommes, non étrangers entre eux, ni de peuples ennemis, mais compagnons de la même société (1)?

Le premier, inventé, dit l'histoire, pour célébrer les funérailles de Métellus, a été jugé dans la suite digne d'être employé, pour dissiper l'ennui des dames romaines et de messieurs les chevaliers romains après leur dîner, ainsi que pour varier les divertissemens nécessaires à une grande population, *panem et circenses*, c'étaient des esclaves qui venaient sur le Forum, c'est-à-dire sur la place du marché, vendre leur vie à d'autres compagnons d'esclavage pour acquérir l'inestimable bien de la liberté. Il me semble que des hommes qui affrontaient une mort aussi cruelle n'étaient des êtres ni vils, ni méprisables.

Le second, fruit du matérialisme moderne, a été imaginé par les génies de l'orgueil et de la vengeance, réunis, se couvrant du masque de la bravoure, et les lumières de ces deux génies l'ont tellement perfectionné qu'il ne ressemble plus en rien à ce qu'il était dans son origine, car le Duel n'est plus actuellement, au moins pour la première classe de notre société, pour cette classe qui est le modèle des autres, il n'est plus, nous le répétons, qu'un assassinat à brûle pourpoint, joué au pair et à l'impair. Telles sont les différences qui existent entre le combat des gladiateurs de l'ancienne

(1) Il est difficile de croire que les Romains aient regardé leurs esclaves comme n'étant pas de la nature humaine, le titre de Peuple Roi n'a pu jusque-là égarer leur raison.

Rome et le Duel français. Je crois qu'elles ne sont point à l'avantage du dernier.

Il m'a paru qu'il était essentiel de m'étendre un peu au long sur l'article du progrès des lumières, afin que chacun puisse fixer le vrai sens de ces paroles dont tous les jours l'on fait un si grand abus, mais cependant pour sortir moi-même d'une lutte, où me voilà aussi engagé sur un autre Forum, je vais supposer que jusqu'à présent j'ai été dans l'erreur, je vais reconnaître qu'effectivement le progrès général des lumières est la cause de la diminution des Duels que l'on croit exister. Hé bien, dans cette supposition je me demanderai si nous pourrions nous dispenser de faire la loi que je sollicite, et ma réponse sera encore une négative absolue; en effet je supplierai ceux qui ont tant de confiance dans le progrès seul des lumières, de nous dire, au moins par un calcul aproximatif (qui sera fondé sur les diminutions déjà obtenues depuis notre révolution) je les supplierai, dis-je, pour justifier leur assertion, de nous faire le tableau gradué de celles que nous devons espérer, et de vouloir bien fixer le temps à peu près, où la France pourra se féliciter en disant........ « Je suis enfin délivrée de cette hiène nationale, qui depuis la renaissance des lettres, s'est abreuvée du sang de tant de braves, et a détruit les dernières espérances de tant de bonnes familles. » Sera-ce dans trois, dans deux siècles? sera-ce dans cent, dans cinquante années, qu'elle pourra se tenir un langage aussi consolant? Mais s'il est dans ses destinées de joindre un jour cette nouvelle fortune à son bonheur actuel, pourquoi, puis-

que la chose est en notre pouvoir, pourquoi ne hâterions-
nous pas une époque qui arrivera toujours trop len-
tement, puisqu'elle aura l'infaillible vertu de prévenir
un grand nombre de crimes. Ah! si, dans cette circonstance nous ne faisons pas de nos lumières l'emploi
que notre siècle nous commande, il sera démontré vrai
à la postérité la plus reculée, qu'en grande connaissance de cause, notre volonté a été contraire.

Je n'ai plus maintenant qu'à répondre à l'objection,
spécialement faite contre mon projet de loi ; et laquelle
se trouve toute entière dans l'allocution suivante :

« S'il y a, me dit-on, quelque chose de bien certain
» dans le monde, c'est qu'en France l'honneur sera tou-
» jours le panache auquel se rallieront tous nos guer-
» riers, or c'est le même honneur qui leur commande
» le Duel, et sera toujours évidemment plus fort qu'un
» précepte de morale, donc le serment prêté sous les
» drapeaux contre le Duel, ne fera que des hypocrites,
» et ensuite des parjures, toutes les fois qu'il se présen-
» tera une offense à venger, donc enfin, la loi proposée
» par l'auteur de la dissertation, nous donnera les ré-
» sultats les plus faux, comme les plus déplora-
» bles, etc., etc. »

Voilà, il faut en convenir, une prophétie d'un au-
gure bien sinistre, elle fera peur à tous ceux qui n'ont
pas étudié notre question, et s'il était possible qu'elle

se réalisât un jour po..r la millième partie, je devrais au plus tôt renoncer· à mon entreprise, reconnaissant qu'elle n'est fondée que sur des chimères et des illusions; mais quiconque a la faculté de discerner le faux d'avec le vrai, reconnaîtra bien vite que la menace qui nous est faite, ressemble beaucoup à la prédiction fameuse de la dame Cœleno (*infelix vates*), et que, dans tous les cas, elle est le comble de l'absurde comme du ridicule.

1° La mesure que nous proposons, ne sera pas nouvelle pour notre armée, et par conséquent n'apportera pas l'ombre de changement dans ses mœurs et ses habitudes. En effet, tous nos militaires n'ont-ils déjà pas prêté serment de fidélité au monarque. Hé bien, celui que nous proposons est absolument le même pour l'homme qui le prêtera. Le premier est un gage de fidélité qu'il donne au père de la patrie, comme chef suprême de l'armée; le second en sera un autre donné à la société, ou au corps respectable dont il va faire partie, et si tous nos guerriers regardent celui-là comme ce qu'il y a pour eux de plus sacré, comment n'en serait-il pas de même de celui-ci? Une contradiction aussi monstrueuse n'existera jamais dans l'armée française.

2° Il m'est impossible de comprendre comment un serment prêté sous les drapeux, pourrait devenir une source d'immoralité, et faire de nos militaires autant de parjures. Certes, un tel langage ne s'est jamais fait entendre, car une des vérités les plus généralement reconnues dans le monde, c'est que la violation du serment, ou de ce que nous appelons parole d'honneur, est un crime inoui dans les armées, et tout nous montre, au surplus, qu'il n'en peut être autrement ; en effet, il y a une différence bien grande entre la position d'un guerrier, et celle d'un individu isolé dans le monde, livré entièrement à ses volontés, ses caprices.

Le premier n'est-il pas soumis à une discipline qui le suit partout, n'est-il pas sans cesse en préscce de ses chefs et frères d'armes, il ne peut donc faire que ce que font ceux-ci, lors même qu'il serait tenté de faire autrement, à moins qu'il ne veuille courir à une perte inévitable, ou plutôt qu'il ne soit tombé dans une démence absolue.

Ce n'est pas tout, pour commettre le parjure, dont nous menacent nos adversaires, il faut être nécessairement deux, il faut que les deux acteurs de la scène, l'offensant et l'offensé, soient d'accord sur un préliminaire très-essentiel, et se disent, avant de se battre : Camarades.... cassons, brisons, foulons à nos pieds l'engagement solennel que nous avons contracté l'un et l'autre, et nous nous battrons ensuite. En vérité si l'homme rencontre quelquefois dans la vie de grandes difficultés à vaincre, celle-ci doit compter pour une impossibilité morale, aussi je suis bien pénétré de cette vérité, que j'ai écrite quelque part, dans ma dissertation, qu'il sera beaucoup plus facile d'empêcher ou de modérer le Duel dans nos régimens que dans tout autre état de la société.

Mais au surplus tranchons une dernière fois sur cette

question : je n'ai jamais prétendu que par la mesure proposée , le législateur anéantirait, en France, jusqu'au dernier des Duels, l'on sent qu'un tel résultat n'est point dans le pouvoir de la puissance humaine ; mais je soutiens qu'en adoptant mon projet, il rendra le Duel extrêmement rare , oui, aussi rare qu'a été le combat judiciaire, parce que le serment prêté sous les drapeaux par nos guerriers , et celui de la *monarchie* de ne *faire grâce* à aucun duelliste , seront pour la France, deux lois éminemment préventives , ce qui est le plus haut degré de perfection dont la science de la législation soit susceptible.

Le seul moyen avec lequel on pourrait me combatre avec quelqu'avantage , ce serait de commencer par me prouver que la mesure que je propose est d'une exécution impossible, ce dont personne ne s'avisera, à moins que l'on ne commence par démontrer que le serment de fidélité que l'on prête tous les jours au Roi , ne soit aussi lui-même une chose impossible.

3° Il est faux que l'honneur français , ou l'honneur national ait engendré le Duel , ces deux choses ne peuvent entre elles avoir rien de commun.

L'honneur français est le principe de tout ce qui est vraiment grand et sublime dans les actions humaines.

Aussi ancien que la monarchie, c'est lui qui a enfanté ces prodiges sans nombre qui font la gloire du nom français , et sans doute, si le Duel était son ouvrage, il serait d'une origine bien pure et bien sublime ; mais dans quelles têtes de pareilles combinaisons pourraient-elles jamais trouver accès ; comment l'action d'une vengeance personnelle , toujours funeste à la patrie , toujours cruelle , toujours malheureuse pour son auteur , quand elle est consommée, pourrait-elle être de la race de l'honneur ? L'histoire, au surplus, ne nous apprend-elle pas que le Duel n'est qu'un usage militaire des temps modernes, une véritable manie que les législateurs ont eu la faiblesse de laisser pénétrer dans nos mœrs, après la suppression des combats judiciaires? Certes, tout cela, d'après le simple bon sens, d'après le simple *rectum naturæ*, est plus opposé à notre honneur national que les ténèbres ne le sont à la lumière, mais quoi qu'il en soit de ces vérités incontestables, voici ce qui s'est passé en France relativement à cet article très-curieux et bien digne de toutes nos méditations (*domestica facta*). (Nous avons pris pour règle de ne jamais dissimuler les faits , même ceux qui nous sont le plus contraires.)

Aussitôt que l'armée française eut décidément adopté le Duel, comme le souverain arbitre de ses destinées , il se forma d'abord pour nos militaires, et ensuite pour les autres classes de la société, il se forma , disonsnous, un genre d'honneur nouveau, et jusque-là inconnu dans le monde.

Les Duels seuls , à l'exclusion de toute autre action de l'homme , même de celles de la plus haute vertu, furent appelés *des affaires d'honneur*, *des affaires de devoir indispensable ;* et cet honneur factice, de fabrique nouvelle , n'était que la conséquence naturelle du principe que l'on venait d'admettre ; Il fallait bien que le Duel fût déclaré une action honorable et un devoir rigoureux, car s'il fût resté le moindre doute à cet égard, il n'eût pu subsister un instant, l'abus des mots eût été par trop grossier, et trop révoltant.

Tels sont, dans l'exacte vérité, les faits dont nous devons bien nous pénétrer.

Ainsi, ne demandons plus pourquoi des lois portant peine de mort, ou ce qui est mille fois pire, flétrissure de la vie, n'ont jamais pu s'exécuter en France contre une action que les chefs de l'armée avaient déclaré être une *affaire d'honneur*, il est palpable que ce résultat était inévitable, comme il l'est que jamais de pareilles lois ne pourront recevoir d'exécution, mais suit-il d'un tel état de choses que tout autre moyen d'attaquer ou modérer le Duel soit également impossible? certes, une telle conclusion ne sortira jamais de la bouche d'un homme sensé, le remède au mal existe dans la nature, et nous le trouverons si nous le cherchons avec sincérité.

Quant à moi, connaissant, par mes études, que le Français ne peut être conduit que par *l'honneur*, j'ai cherché le remède qu'il nous faut, dans ce principe lui-même, et je l'ai trouvé dans un *autre honneur beaucoup plus ancien et plus pur* que celui qui commande le Duel, je l'ai trouvé dans celui qui consiste à être fidèle à ses engagemens, à ses promesses, et c'est sur ce fondement que j'ai édifié le projet de loi que j'ai osé présenter au législateur en 1825 ; et j'en fais l'aveu, lorsque ce moyen se présenta à mon esprit, il me parut

tellement simple, tellement conforme à la nature humaine, et surtout tellement en harmonie avec le caractère de la nation française, que je me trouvai saisi
de deux sentimens à la fois. D'abord je fussingulière-
ment surpris (et je ne suis pas encore revenu de ma
surprise), de ce que jusqu'aujourd'hui, ce moyen nous
avait échappé, et au même instant je me persuadai qu'il
était à l'abri de toute contradiction raisonnable, mais
puisque je me suis grossièrement trompé à cet égard,
que j'ai des contradicteurs puissans, au dire desquels
mon système sera une source d'immoralité, en faisant
de nos guerriers autant de parjures, il est de mon devoir de développer ici ce qui ne l'a pas été suffisam-
ment dans ma première dissertation; en conséquence,
je vais placer sur la même *balance* les deux honneurs
que j'entends opposer l'un à l'autre, et cette expérience
que chacun pourra faire aussi bien que moi, montrera
à tous les yeux de quel côté sera la plus grande force
de gravitation; mais je dois faire ici une observation
très-importante, quoiqu'elle soit purement d'ordre, c'est
que notre discussion se trouve, dans cet instant, ré-
duite à des termes extrêmement simples; en effet, elle
ne présente plus que la question de savoir si l'honneur
qui commande le Duel, parlera plus haut dans le cœur
du soldat français, qu'une promesse individuelle faite
sous les drapeaux, ou si celle-ci parlera plus haut que
celui-là, jamais il n'exista en philosophie un problême
dont la solution fut plus digne d'intérêt dans tous les
temps, mais surtout dans la situation morale où se
trouve actuellement la France.

JUSTIFICATION

DE MON PROJET DE LOI.

Je connaissais parfaitement, lorsque j'ai publié mon premier écrit, toute la tyrannie qu'exerce sur notre armée l'honneur qui commande le Duel, mais je savais aussi que le serment, ou la parole d'honneur, a toujours été pour un guerrier français ce qu'il y a au monde de plus sacré.

Cela posé, j'ai cru qu'il entrait dans mes devoirs (ayant même égard aux temps dans lesquels nous vivons, sous le rapport de la morale) de comparer deux forces qui sont relatives entre elles, c'est-à-dire *la force de la mode française qui commande le Duel,* avec *la force du serment qui le défendra ,* et cette comparaison m'a démontré que, dans tous les cas (même dans celui où les préceptes de la morale ne seraient pas respectés aujourd'hui, comme ils l'étaient autrefois), cette comparaison m'a démontré , dis-je, que la force du serment l'emportera de beaucoup sur celle de la mode quelqu'ancienne ou quelque violente qu'elle soit, et pourquoi cela ? Par la raison toute simple, qu'une déclaration faite par l'homme, en présence de ses chefs et de la société dont il est membre, sous l'invocation de la divinité, se gravera pour jamais dans ce moi intérieur qui constitue l'être moral, et viendra se présenter à ses yeux, dans tous les instans de sa vie, ce que ne pourra jamais faire une mode, quelqu'ancienne, ou même quelqu'attrayante qu'on puisse l'imaginer, il y a plus, il sera impossible que cette mode ne vienne bientôt à tomber d'elle-même, puisque tous les membres du corps contracteront le même engagement, et comment pourraient-ils s'y refuser? Le père de la patrie, en le leur demandant, ne leur causera pas la plus petite contrariété qui pourrait naître d'*une cause actuelle*. Son but unique est de prévenir à l'avance un fait qui peut arriver sans doute, mais qui n'est encore que dans le domaine du futur contingent.

Telles sont les bornes séparatives des choses morales, et que tout homme trouvera quand il voudra réfléchir sur lui-même.

Je puis donc, avec confiance, adresser cette question à quiconque n'est point absolument étranger au caractère national....... « Est-il un solat français qui » balancera jamais entre l'honneur d'être fidèle à son » serment ou à sa parole d'honneur, et cet autre je ne » sais quel honneur, qu'il s'imaginera lui rester après » qu'il se sera couvert d'un parjure public? »

Certes, la réponse à ma question ne peut devenir la matière d'un problème, et par une autre conséquence également nécessaire, il n'est personne non plus qui combattra cette autre proposition...... « Aussitôt que » le législateur aura adopté le premier article du projet » que je lui ai soumis, il aura, sans nulle espèce de » contrainte, amené chacun de nos militaires à élever

» de sa propre main, contre la mode criminelle qui » nous asservit depuis trois siècles, une barrière que » nul d'entre eux ne pensera dorénavant à franchir. »

Ainsi, le serment individuel (1), quels que soient les temps où nous vivons, sera, de sa nature, toujours plus fort que l'honneur qui commande le Duel, et par conséquent le déluge d'immoralité où l'on ne craint pas d'annoncer que mon projet entraînera la noble armée française, ne sera qu'un méprisable fantôme, pour quiconque prendra la peine de faire le rapprochement des deux forces morales que nous venons de comparer entre elles.

Mais au surplus, personne ne prendra le change sur les véritables sentimens de ceux auxquels je réponds en ce moment, ils sont loin de croire aux funestes résultats dont il leur plaît de nous menacer, et s'ils sont contraires à mon projet, c'est qu'ils le seront de même à tout autre qui, à l'avenir, pourrait être présenté sur le même sujet ; ce qu'ils veulent est trop clair pour que l'on puisse en douter ; ils veulent que nos législateurs adoptent le silence que le génie de notre révolution a jugé à propos de garder sur le plus grand fléau de la France, quoiqu'elle eût pu très-facilement le faire disparaître sans retour. Voilà évidemment l'objet de tous leurs vœux.

(1) Ces cris *je le jure,* faits par des masses d'hommes réunis, et qui percent les nues, tels que nous en avons vus pendant la révolution, ne sont pas des sermens proprement dits. Le serment est un acte de l'individu moral, qui veut une réflexion spéciale sur l'objet dont il s'agit.

Voilà évidemment l'objet de tous leurs vœux: mais ils devraient bien savoir, ces adversaires, que s'il y a eu un temps où l'on pouvait, jusqu'à un certain point, se déclarer partisan du silence ultra-révolutionnaire, contre lequel j'écris, on ne le peut plus décemment depuis la promulgation du Code pénal actuellement en vigueur, puisqu'à dater de cette époque, toutes les cours de justice de France n'ont cessé de reconnaître l'urgente nécessité d'une loi sur la matière.

Il est vrai, 1° que depuis cette même époque, ces cours sont partagées d'opinions sur la question de savoir si cette nécessité existe ou non ;

2° Que selon quelques-unes d'entre elles, le Duel étant à leurs yeux un meurtre volontaire, il doit être poursuivi par l'art. 295 du Code pénal, et une loi nouvelle n'est pas nécessaire ;

3° Il est vrai aussi que selon d'autres, en plus grand nombre, lesquelles ont à leur tête la Cour suprême, le Duel, d'après le texte positif de l'article quatrième du même Code, ne peut être poursuivi qu'en vertu d'une *loi spéciale*, mais quelle que soit cette différence d'opinion qui, depuis dix-sept ans, existe sur ce point entre nos magistrats, ils n'en sont pas moins d'accord sur la nature de l'action, considérée en elle-même, ils n'en conviennent pas moins à l'unanimité, que chez une nation dont la susceptibilité surpasse la civilisation, le Duel ne peut exister sans répression, soit que celle-ci se fasse par le *Code criminel du pays*, soit par *une loi spéciale*.

C'est donc un fait constant, que les véritables or-

5

ganes de l'opinion ont décidé unanimement qu'il est indispensable de mettre un terme au silence malheureux de la législation révolutionnaire sur notre article.

Mais ce n'est pas tout, plus on avance dans cette discussion plus on y fait des découvertes nouvelles. Si nos adversaires ne veulent pas que des hommes puissent être touchés de la peine la plus légère pour avoir *obéi à l'honneur de leur pays*, ce qui est leur dernier retranchement et leur éternel refrein, la loi que nous proposons va beaucoup plus loin, elle veut, autant que la chose est possible, qu'il n'y ait plus de Duels, ou plutôt qu'il n'y ait plus d'assassinats sous ce nom (1), entre les défenseurs de la même patrie ; elle sera, par conséquent dans l'intérêt de nos adversaires, comme dans le nôtre, puisque son objet principal, ou plutôt son objet unique sera de n'avoir personne à poursuivre, personne à mettre en jugement, personne surtout à condamner. Certes, une telle loi sera éminemment française, aussi nous en sommes convaincus, notre législateur, en l'adoptant (2),

(1) Une accusation de meurtre, commis dans un Duel dont les circonstances, annoncées par les journaux, font frissonner d'horreur, sera jugée aux assises de Paris, à leur audience du 17 du présent mois de mai.

Les acteurs de ce Duel sont les sieurs Lecharpentier et Daillez. (Voy. sur cet événement, la *Gazette des Tribunaux.*)

(2) J'ai, dans mon premier écrit, fait une distinction pour le serment individuel à prêter sous les drapeaux, entre les officiers et les autres militaires, persuadé que l'exemple de ceux-là suffirait à ceux-ci ; mais d'un autre côté, notre armée ne se composant plus que d'hommes dont la conduite est sans tache, nous croyons qu'il n'est

aura résolu le problême dont la France demande la solution depuis le combat de Jarnac et Lachateignerai, il aura enfin comblé cette lacune, qui fait un contraste si hideux, avec tout le système de notre civilisation.

Je n'ai point parlé dans ma justification des articles qui constituent la *partie pénale* de mon projet, parce qu'aucun d'eux n'a été attaqué, et que toutes les objections n'ont été faites que contre mes mesures préventives, mais dès que celles-ci auront la vertu de rendre les Duels aussi rares que l'ont été les combats judiciaires, il en sera, par une conséquence nécessaire, de même de l'application des peines qui sont fixées par cette loi, aussi bien que de celles que la justice aura à prononcer dans les cas où le législateur recourt à son ministère. Je me borne à rappeler ici que toutes les peines fixées par mon projet, quoique très-légères et paternelles (ceci est une preuve nouvelle de l'excellence de la loi), seront cependant bien graves pour nos militaires, puisqu'ils ne pourront les encourir sans montrer à la France entière qu'ils ont transgressé leur serment, ce qui, pour un Français, sera la plus terrible des peines, en même temps la plus efficace pour empêcher la transgression. Partout nous sommes conséquens, partout nous opposons l'honneur vrai, à l'honneur de fabrique.

aucun inconvénient à soumettre nos militaires de tout grade, à la même déclaration, l'armée ne peut que gagner à ce que l'on montre à tous les défenseurs de la France ce qu'est le serment de sa nature, ce qu'il a été pour les guerriers de tous les temps, et ce qu'il est surtout aux yeux de l'honneur français.

CONCLUSION.

J'AI dit, en commençant cette dissertation, que tout faisait espérer une loi prochaine sur le Duel; je dirai, en la terminant, que cette mesure est aujourd'hui forcée, et cela cependant, moins par la volonté des hommes que par le cours irrésistible des choses. C'est, j'espère, ce dont sera bientôt convaincu quiconque suivra avec attention les faits qui, tant dans l'année dernière, que dans celle-ci, ont eu lieu relativement à cet objet.

La situation légale du Duel, n'est plus aujourd'hui en France telle qu'elle nous a été donnée par la législation révolutionnaire, ni ce qu'elle était encore en 1823, lorsque j'ai publié mon premier écrit, et, si jusqu'à présent il a su résister à toutes les attaques qui lui ont été portées avec les armes du Code criminel, il n'a pas été aussi chanceux, quand il a été attaqué avec les moyens du Code civil. (Les règles de la civilité sont donc toujours bonnes à suivre, même vis-à-vis d'un ennemi dont l'on veut se rendre maître.)

En effet, notre Cour suprême, par son arrêt du 29 juin dernier, dont j'ai parlé plus haut, en confirmant celui des assises de Mézières, a jugé que l'article 1382

de notre Code civil, dont voici les termes : « Tout fait
» quelconque qui cause du dommage à autrui, oblige
» celui par la faute duquel il est arrivé à le réparer »,
la cour suprême, disons-nous, a jugé que cet article
était applicable aux résultats du Duel.

Maintenant quelle est la conséquence de ce principe d'éternelle vérité ? Elle est évidente, elle est, que
si l'homme est tenu, par un texte formel de notre Code
civil, de réparer le mal arrivé *par sa faute*, cette obligation sera, à plus forte raison, infiniment plus
étroite, quand il sera constant que ce mal est l'objet
de la préméditation, et qu'il a été commis par une volonté libre, et réfléchie.

Aussi, quoique la justice se soit vue obligée de ren-
voyer le sieur Lelorrain de l'accusation publique
de meurtre volontaire intentée contre lui, après avoir
déclaré constant, en fait, que le sieur Garel *avait été
tué en Duel*, la justice, se fondant sur l'article 1382,
n'a pas moins fait droit sur les conclusions à fins civiles
de la veuve et des enfans de ce dernier, en condamnant
le sieur Lelorrain à leur payer la somme de dommages
et intérêts qu'elle a fixée ; donc, l'arrêt de la Cour suprême, du 29 juin 1827, qui a pour lui l'autorité de la
chose jugée, a eu pour résultat de changer entièrement
la situation du Duel, et par une conséquence non
moins nécessaire, cette proposition orgueilleuse :
le Duel n'est ni crime ni délit, est devenue aujour-
d'hui légalement fausse quoiqu'elle ait l'honneur de
se trouver dans tous nos recueils de jurisprudence.

S'il en était autrement, le Duel serait tout à la fois une action coupable et innocente, ce qui impliquerait une contradiction (1) révoltante. Cependant, dans quelle classe précisément sera-t-il fixé, car il ne peut être en même temps *crime et délit*, c'est une question qu'il appartient au législateur seul de décider, d'après l'article 4 de notre Code pénal, et dont la décision est évidemment urgente, si nous attachons l'importance qui est due aux arrêts dont il vient d'être rendu compte.

Mais il y a plus, nous nous sentirons obligés de tirer la même conclusion si nous portons nos regards sur ce qui, depuis quelques années, se fait chez les différens peuples de notre Europe, pour diminuer la masse des maux qui résultent de l'état social (masse qui, malgré le progrès de nos lumières, augmente tous les jours de la manière la plus effrayante), et si notre attention se porte sur ce qui se fait hors de France sous le rapport spécial de l'objet de notre dissertation, nous apprendrons que nulle part il n'a été applaudi au silence des lois françaises, et que loin de là, les rapides progrès du Duel au pistolet ont fait ouvrir les yeux aux législateurs de tous les pays; nous verrons

(1) Selon l'article 319 du Code pénal «quiconque par maladresse, imprudence, inattention, etc., aura commis involontairement un homicide, ou en aura été involontairement la cause, sera puni d'un emprisonnement de trois mois à deux ans, d'une amende de 5o à 6oo fr.» Il suit de cette disposition, que si un fait, même involontaire, peut donner lieu à une peine personnelle, cela doit être, à bien plus forte raison, lorsque le fait sera volontaire et réfléchi.

enfin, que tout récemment l'on vient de faire des lois sur cette matière chez des peuples où jusqu'à présent il n'en a pas existé; en effet, les journaux de 1826 nous ont annoncé que les lois nouvelles des cantons suisses contenaient des dispositions positives contre les Duels, et nous avons lu ce qui suit dans le *Journal des Débats*, du 18 juin 1827, *article Bruxelles* :

« Le Code pénal, qui sera discuté dans la première » session des états-généraux, comprend 494 articles, » en onze projets de loi, voici les dispositions sur le » Duel » :

Art. 214. Le Duel est un combat régulier entre deux personnes, en présence de témoins, ou sans témoins, précédé d'un défi fait verbalement, par écrit ou par geste, avec détermination d'un temps fixe, pour venger ou pour répondre à une injure réelle ou prétendue.

Art. 414. Le Duel n'est point punissable lorsque ni l'un ni l'autre des adversaires n'a reçu aucune blessure. La tentative du Duel, quel qu'en soit le degré de gravité, n'est point punissable.

Art. 216. Celui qui après avoir reçu l'offense, et avoir fait le défi, aura privé sa partie adverse de la vie, sera puni d'emprisonnement ou de relégation, avec ou sans banissement qui, ensemble ou séparément, n'excéderont pas huit années.

Art. 217. Sera puni des mêmes peines, celui qui, après avoir fait l'offense et accepté le défi de son adversaire, lui aura porté un coup mortel.

Ce n'est pas tout , les différens journaux du 24 avril dernier (1828), nous ont appris ce que voici : « Le bill » sur la supression des Duels a passé dans la chambre des » représentans de Washington, à la majorité de 61 voix » contre 37. Par ce bill, la mort d'un des combattans » est déclarée *meurtre*, et les *seconds* sont coupables » de félonie; quand même le combat en champ-clos, » n'occasionne pas la mort d'un des duellistes. »

Voilà des lois qui viennent d'être faites chez des peuples dont personne ne dira qu'ils sont restés dans l'ignorance et la barbarie du dixième siècle, puisque depuis long-temps le monde vante leurs progrès en civilisation, et que de leur côté ils nous rendent justice, en publiant eux-mêmes que notre Code civil est un monument de la plus haute sagesse.

Cependant, quel que soit le mérite des lois que je viens de citer comme un argument contre le silence des nôtres , je dois faire observer ici qu'elles n'ont pas la qualité essentielle que doit avoir toute loi en matière criminelle, qualité qui consiste beaucoup moins à punir qu'à prévenir le mal avant qu'il n'arrive; et sous ce point de vue capital, celle que j'ai proposée me semble bien préférable, au moins pour des Français.

Ne perdons pas de vue cette règle fondée sur la nature humaine, autant infaillible en morale qu'en physique, et laquelle est encore loin d'être mise en pratique comme elle devrait l'être,

Principiis obsta , sero medicina paratur ,
Cum mala per longas, invaluere vias.

Je crois avoir établi l'urgente nécessité où est la France de sortir de la position où elle se trouve, relativement au Duel, soit que l'on se décide, d'après l'arrêt de notre Cour suprême sur l'espèce, soit qu'à cette autorité l'on veuille joindre celle des législations diverses qui se font aujourd'hui chez toutes les nations de notre Europe, et même chez celles qui jadis sorties de ce continent, ont acquis tant de prospérité dans un autre hémisphère, or d'après cela je me crois autorisé à conclure qu'une loi sur les Duels est aujourd'hui, chez nous, un de ces événemens commandés par le cours irrésistible des choses, c'est-à-dire par les progrès de cette civilisation, qui est la seule vraie, puisqu'elle est fondée sur la nature de l'être perfectible, et devant laquelle le silence de la législation révolutionnaire sur cet article n'est que mensonge.

Mais cependant je ne me suis point borné à raisonner d'après ces faits, et j'ai dit que, dans la supposition même où ils n'existeraient pas, le législateur français n'en serait pas moins obligé de faire au plus tôt une loi sur la matière, à la vue seule des mesures générales qui sont prises aujourd'hui par tous les Gouvernemens de l'Europe, pour diminuer les maux qui résultent de l'état de société, et dans ces mesures, celle qui m'a frappé le plus, c'est le traité de Londres du 6 juillet 1827, lequel me paraît n'être encore ni connu ni apprécié autant qu'il doit l'être, quoique jamais rien de plus grand, de plus sublime n'ait été fait pour l'humanité.

Cette convention, signée sous les auspices du dieu des Chrétiens, est fondée sur le principe :

1º Que des peuples placés sur le même continent, et qui professent les maximes fondamentales de la même religion, ne forment ensemble, malgré les différences de leurs vêtemens et de leurs idiômes, qu'une seule société morale, ou que la même famille.

2º Que, par une conséquence nécesssaire de ce principe, la grande société ne peut refuser son intervention et sa médiation, toutes les fois que ces secours extraordinaires seront implorés par une société particulière qui, avoir versé tout son sang, et fait depuis long-temps des sacrifices aussi impossibles à décrire qu'à croire, se voit aujourd'hui dans l'impossibilité de continuer cette lutte contre un ennemi beaucoup plus puissant, lequel, d'ailleurs, professant avec fanatisme une religion contraire à la religion chrétienne, se trouve, par ce seul fait, d'une société naturellement opposée à celle de toutes les nations européennes. Oui, tels sont évidemment les principes qui ont dicté le traité du 6 juillet. Or il est bien palpable que les mesures arrêtées par les monarques qui l'ont souscrit, sont les seules par lesquelles il est humainement possible d'aider la Grèce à sortir de l'abîme où elle est sur le point d'être engloutie sans retour, et persoune ne peut raisonnablement douter du succès de ces mesures, car si les Musulmans ne sont point frappés d'un aveuglement complet, ils doivent reconnaître que la médiation qui leur est offerte est autant dans leur intérêt que dans celui des Grecs eux-mêmes.

Ainsi, que le cantique de la plus juste, comme de la plus vive reconnaissance se fasse entendre de tous les points de l'horizon à l'honneur des monarques, sans la sagesse desquels nous eussions perdu tout espoir de voir mettre un terme à un état de chose auquel rien ne se compare sous le soleil, et qui, depuis trop long-temps, plonge le monde entier dans la plus profonde affliction.

Mais ce n'est pas tout, le traité du 6 juillet ne peut, de sa nature, se borner au service devenu nécessaire par la situation actuelle de la Grèce; et c'est encore, selon moi, une vérité qui doit être développée. En effet, qu'est-ce que l'intervention entre les puissances, soit grandes, soit petites, qui forment entre elles une société homogène? C'est un devoir qui dérive de la nature de l'être perfectible, et que commande en outre l'Évangile, cette source unique de perfection; ce n'est en un mot, entre les peuples ou les corps politiques que ce moyen terme qui a été appelé *justice* entre particuliers; donc, le traité du 6 juillet est devenu nécessairement la base d'un droit politique nouveau, qui doit non-seulement resserrer tous les liens de la famille européenne, mais en outre, malgré les calculs affreux de l'intérêt personnel et les fourberies du machiavelisme, prévenir et empêcher beaucoup de calamités publiques, quelque soit le nom qu'on se plaise à donner à ce genre de maux, et, en vérité, je ne vois pas comment il serait possible de rejeter les conséquences que ma plume vient de tracer ; car dès que le principe de l'intervention a été une fois consacré en politique, comme nous le voyons dans ce moment, nulle raison ne peut empêcher dorénavant son application dans toutes les situations, plus ou moins analogues, où peuvent se trouver dans l'avenir les différentes nations de la société européenne.

Voilà quelle est à mes yeux la vertu du traité du traité du 6 juillet ; certes, à la vue d'un acte qui amènera tant de bien, et empêchera tant de maux, j'ai dû conclure, comme je le fais encore dans ce moment, que notre législateur nous donnera incessamment une loi contre le fléau qui, depuis près de trois siècles, décime en coupe réglée les meilleures familles de l'État, j'ai dû enfin conclure que cette loi est indispensable, si nous voulons nous mettre en harmonie avec tous les autres gouvernemens de l'Europe, et travailler efficacement à diminuer la masse des maux qui résultent de l'état social.

C'est pour moi une satisfaction bien grande d'avoir montré, autant que mes moyens me le permettent, ce que la monarchie a résolu de faire pour la sainte cause de la liberté, et d'avoir donné en même temps un aperçu des heureux résultats qu'aura, pour l'avenir, le traité du 6 juillet, sur la civilisation de l'Europe, mais je ne puis passer sous silence, ou plutôt je crois de mon devoir, de faire connaître ici une déci-sion qui vient d'être prise par une de nos démocraties, laquelle n'est pas moins de la société européenne, que nos riches et puissantes monarchies.

Le gouvernement du Valais a commencé l'année, dont le char nous entraîne, par décréter, pour toujours et dans tous les cas, l'abolition de la peine de mort.

Sans doute une telle abolition, qui a déjà été votée par plusieurs sages, tant de l'antiquité que du dernier siècle, est bien digne de fixer l'attention des moralistes et publicistes de celui-ci , jamais l'on ne proposa la solution d'un problème plus important pour l'huma-nité, dont la cause jusqu'à présent, même chez les peuples qui ont le plus de philosophes et d'orateurs, est bien loin d'être défendue comme elle devrait l'être, mais quelleque puisse être la solution de cette grave question, honneur et reconnaissance te soient rendus, peuple respectable qui habite aux sources du Rhône , tes mains viennent d'élever vers le ciel un monument plus sublime que ne le sont les plus orgueilleuses pyramides des Pharaons, et déjà je puis t'adresser en ce moment une félicitation qui ne sera pas composée de paroles vaines et stériles..... *La religion chrétienne repousse loin d'elle la peine dite du talion,* c'est sans doute déjà beaucoup dire en faveur de ta décision et des principes qui l'ont dictée.

Mais, soit que nos regards se portent sur la résolution prise par nos monarchies pour sauver de l'abîme une nation qui fait partie de la société européenne, et laquelle n'a que trop expié ses propres fautes, soit que nos réflexions se portent sur le décret d'une de nos démocraties des Alpes ; ne perdons jamais de vue, ou plutôt ayons sans cesse devant les yeux cette vérité..... que toutes les lois qui composent les codes d'une nation, en commençant par celui de sa politique, ne sont que les anneaux d'une chaîne indivisible, et que si le Duel reste quelque part sans frein, cette chaîne n'existe plus.

FIN.